立信实验实训教材系列

上海市会计学教育高地重点建设项目

会计基础实训

（第三版）

主编 顾玉芳 沈亚香

立信会计 出版社

LIXIN ACCOUNTING PUBLISHING HOUSE

图书在版编目(CIP)数据

会计基础实训 / 顾玉芳，沈亚香主编. —3 版. —

上海：立信会计出版社，2019.5

立信实验实训教材系列　上海市会计学教育高地重点

建设项目

ISBN 978 - 7 - 5429 - 6155 - 6

Ⅰ. ①会… Ⅱ. ①顾… ②沈… Ⅲ. ①会计学—教材

Ⅳ. ①F230

中国版本图书馆 CIP 数据核字(2019)第 099318 号

责任编辑　　陈　旻

会计基础实训(第三版)

Kuaiji Jichu Shixun

出版发行	立信会计出版社		
地　　址	上海市中山西路 2230 号	邮政编码	200235
电　　话	(021)64411389	传　　真	(021)64411325
网　　址	www. lixinaph. com	电子邮箱	lixinaph2019@126. com
网上书店	http://lixin. jd. com		http://lxkjcbs. tmall. com
经　　销	各地新华书店		

印　　刷	常熟市梅李印刷有限公司
开　　本	787 毫米×1092 毫米　　　1/16
印　　张	19. 25
字　　数	460 千字
版　　次	2019 年 5 月第 3 版
印　　次	2019 年 5 月第 1 次
印　　数	1—3100
书　　号	ISBN 978 - 7 - 5429 - 6155 - 6/F
定　　价	45. 00 元

如有印订差错，请与本社联系调换

第三版修订说明

本教材自出版以来,因其结构新颖、内容务实、专业针对性强等特点,深受会计基础教学及会计实务界的好评。

自 2018 年 1 月 1 日起,随着新修订的企业会计准则的相继执行,财政部对一般企业财务报表格式进行了修订。2019 年 3 月 20 日,财政部、税务总局、海关总署三部门联合发布《关于深化增值税改革有关政策的公告》(财政部 税务总局 海关总署公告 2019 年第 39 号),推进增值税实质性减税,将一般纳税人增值税税率调整为 13％,9％,6％。

为适应会计规范和税制改革的需要,我们对《会计基础实训》进行了再次修订。由于我们水平有限,书中难免有疏漏之处,敬请提出批评指正,以便进一步完善。

编　者

2019 年 5 月

第二版修订说明

2014 年年初财政部在 2006 年新企业会计准则的基础上对企业会计准则陆续进行了修订,2016 年 3 月 23 日,财政部、国家税务总局颁布的《关于全面推开营业税改增值税试点的通知》,自 2016 年 5 月 1 日起全面推开"营改增"试点。我们根据会计改革和税制改革的要求,对本教材进行了相应的修改和完善,使本教材的实训资源更符合《会计基础工作规范》《企业会计准则》和现行税制的规定。

编 者

2017 年 9 月

前　　言

为了适应社会主义市场经济体制对会计专业人才的需要,将理论与实践更紧密地结合起来,推动会计实践教学体系建设,丰富会计实践教学内容,提升学生实务应用能力,完善应用型财会人才培养模式,满足高等院校财经管理类各专业对会计基础实验教学的要求,我们根据多年来从事会计理论、实验教学和会计实务工作的经验和体会,编写了本书。

本书取材于各种类型制造业的实务,通过对大量真实的原始资料进行分析、筛选、补充编写而成。本书包括单项实验和综合实验两部分。单项实验包括原始凭证填制和审核、记账凭证填制和审核、特种日记账登记、总分类账和明细分类账登记、财产清查、会计核算程序和财务报表编制等会计循环各阶段实验;综合实验包括从建账、会计凭证填制和审核到账簿登记、成本计算、财务报表编制等会计核算的全过程。本书具有以下鲜明特色:

(1) 内容实用。本书以现行企业会计准则和相关财经税务法规为依据,凭借长期从事会计理论和会计实验教学以及会计实务工作的经验,本着够用、实用、适用的宗旨,在各实验项目内容的设计上力求与教学同步,与实践一致。

(2) 结构新颖。本书作为实验教材,摒弃了繁琐的文字叙述,实验资料均以实务单据和账表形式出现,清晰明了。

(3) 专业性强。本书作为实验教材,融《会计基础工作规范》于教材之中,无论是单项实验还是综合实验,均采用了真实的凭证、账页、报表,突出了会计基本原理、基本方法和基本操作技能的运用。

(4) 针对性强。本书的单项实验根据"会计基础"课程教学进度,边学边验,让学生能感性地理解并掌握会计核算方法;综合实验贯穿会计循环,有利于学生融会贯通地掌握会计核算的全过程。

会计核算能力是财务会计工作的基础,会计实验为通向会计实践架起了桥梁。本书旨在培养学生会计核算的能力,既可作为高等院校财经管理类各专业《会计基础》配套教材,又可作为准备从事会计工作的人员掌握会计操作技能的自学用书。

本书的编写出版,得到了上海市会计学教育高地、上海立信会计学院郭大伟教授、立信会计出版社陈旻编辑等相关人士的支持和帮助,在此深表感谢。

本书由顾玉芳、沈亚香编写。由于我们水平有限,书中疏漏之处,敬请读者批评指正,以便修订时进一步完善。

编　者

2011 年 7 月

目　　录

实训一　原始凭证填制和审核

一、实验目的

掌握原始凭证的填制和审核。

二、实验资料

1. 上海立信制造有限公司概况

地址：上海市江川路 268 号

电话：（021)64907868

纳税人登记号：310865493120682

开户银行：中国民生银行上海西南支行

账号：0224014210003388

总经理：张学斌

财务经理：王莹莹

会计(制单)：彭博

会计(复核)：张明

会计(记账)：卢晓颖

出纳：许芳

2. 2019 年 6 月经济业务

3. 原始凭证

4. 印章

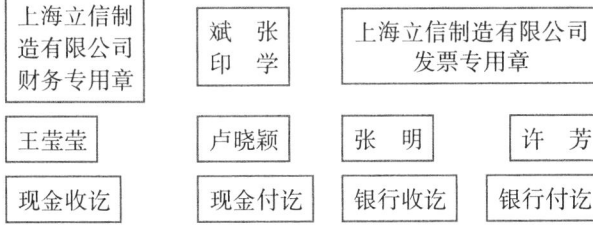

三、实验要求

填制或审核原始凭证。

2019 年 6 月经济业务

（1）3 日，会计部门出纳员许芳签发支票，转账支付新明广告公司广告制作费 80 000 元。

要求：签发支票。

（2）9 日，收到华阳公司交来支票一张，系偿还所欠的购货款，金额为 684 000 元。

要求：填制进账单。

（3）10 日，出纳员许芳填制现金交款单，将现金 8 000 元存入银行，面值均为 100 元，计 80 张。

要求：填制现金交款单。

（4）12 日，财务部卢晓颖预借赴广州差旅费 5 000 元，预计归还日期为 6 月 20 日。

要求：审核暂支单，并以现金支付卢晓颖预借款。

（5）16 日，向上海金属制造有限公司购买电解铜 3 吨，取得的增值税专用发票上列明的价款 187 500 元，增值税额 24 375 元，货款尚未支付，材料已验收入库。收料、制单为张婷，材料质量检验员为李红。

要求：审核发票和收料单。

（6）18 日，收到现金 800 元，系华兴公司支付的借用包装物押金。

要求：填制收据。

（7）21 日，卢晓颖因培训报销赴广州出差差旅费，出纳以现金支付。

要求：填制外埠差旅费报销单；审核并办理费用报销事项。

（8）23 日，总经理办公室张强报销本月通讯费 300 元，出纳以现金支付。办公室主任为杨文兵。

要求：审核费用报销单；办理费用报销事项。

差旅费报销制度（摘录）：

1. 出差交通费按实际发生额报销。

2. 住宿费按实际发生额报销（每人每天不得超过 350 元）。

3. 出差补贴每人每天 150 元（含餐费及市内交通费），日期计算算头不算尾。

（9）25 日，签发贷记凭证支付本月 16 日所欠上海金属制造有限公司购买电解铜的货款。

要求：填制贷记凭证。

（10）30 日，第一生产车间生产电线从材料仓库领用材料 AC210 氧化铝 5 吨，材料类别为氧化铝，材料编号为 YHL4866，每吨成本为 2 750 元。材料仓库发料人为余小龙；第一车间车间主任为向群，领料人为肖一明。

30 日，第二生产车间生产电线从材料仓库领用材料电解铜，材料类别为有色金属，材料编号为 DJT5001，采用限额领料制度。当月该车间生产电线全月领用限额为 20 吨，每吨成本为 62 500 元。该月领用电解铜材料如下：8 日领用 8 吨；13 日领用 5 吨；20 日领用 7 吨。材料仓库发料人为余小龙；第二车间车间主任为王军华，领料人为洪加明，材料仓库负责人为章文莹。

要求：审核领料单、限额领料单。

经济业务(1)

中国民生银行
支票存根
30503130
00126328

附加信息 _____
_____

出票日期　年　月　日

| 收款人： |
| 金　额： |
| 用　途： |

单位主管　　　会计

付款期限自出票之日起十天

中国民生银行　支　票

30503130
00126328

出票日期(大写)　　年　月　日　　付款行名称：
收款人：　　　　　　　　　　　　　出票人账号：

人民币 (大写)		亿	千	百	十	万	千	百	十	元	角	分

用途 _____　　　　　　　密码 _____
上列款项请从　　　　　　　　　行号 305290002246
我账户内支付
出票人签章　　　　　　　　　复核　　　记账

⑈126328⑆ 1144716⑆ 0022401421000338⑈

经济业务(2-1)

中国工商银行上海市分行支票

支票号码：AE101169

签发日期(大写)：贰零壹玖年陆月零玖日　　开户行名称：工行徐汇支行曹宝路分理处
收款人：上海立信制造有限公司　　　　　签发人账号：216-21814795

人民币 (大写)　陆拾捌万肆仟元整	千	百	十	万	千	百	十	元	角	分
		¥	6	8	4	0	0	0	0	0

用途：支付货款
上列款项请从　　　　　　　　　　　　　复核

我账户内支付　　华阳电缆股份有限公司财务专用章　峰杨印晓　　记账

签发人签章　　　　　　　　　　　　　　验印

经济业务(2-2)

中国民生银行 CHINA MINSHENG BANKING CORP. LTD.　进　账　单 (收账通知) 3

年　月　日

出票人	全　称		收款人	全　称	
	账　号			账　号	
	开户银行			开户银行	

金额	人民币 (大写)				亿	千	百	十	万	千	百	十	元	角	分

票据种类		票据张数	
票据号码			

复核　　　记账

收款人开户银行签章

此联是收款人开户银行交给收款人的收账通知

经济业务(3)

中国民生银行 CHINA MINSHENG BANKING CORP. LTD. 现 金 交 款 单

年　月　日

客户名称			
账　号		开户银行	

币种及金额	(大写)			千	百	十	万	千	百	十	元	角	分
款项来源													

券别	数量(张)	券别	数量(张)	券别	数量(张)	券别	数量(张)	券别	数量(张)	券别	数量(张)
佰元		拾元		壹元		壹角		壹分			
伍拾元		伍元		伍角		伍分					
贰拾元		贰元		贰角		贰分					

备注：

银行盖章：

第二联　入账通知

经济业务(4)

上海立信制造有限公司暂支单

NO: 0312

2019 年 6 月 12 日

受 款 人	卢晓颖	
暂支事由	赴广州出差	
暂支金额	人民币(大写)伍仟元整	￥5 000.00
预计归还日期	6 月 20 日	科目

财务主管：　　记账：　　复核：　　出纳：许芳　　部门主管：　　受款人：卢晓颖

3100101026

上海增值税专用发票

No. 06421896

发票联

开票日期：2019 年 6 月 16 日

| 购货单位 | 名　　称：上海立信制造有限公司
纳税人识别号：310865493120682
地　址、电话：上海市江川路 268 号
开户行及账号：中国民生银行西南支行
0224014210003388 | | 密码区 | /801＝＜428131025-0＊8
17934＋＊28539614＞169
＜37＊5831＞＜-091668＞46
57＊5481/＜-4634892＞4 | 加密版本 01
3100101026
06421896 |

货物或应税劳务名称	规格型号	单位	数量	单　价	金　额	税率	税　额
电解铜		吨	3	62 500.00	187 500.00	13％	24 375.00
合　计					￥187 500.00		￥24 375.00

价税合计(大写)	贰拾壹万壹仟捌佰柒拾伍圆整	(小写)￥211 875.00

| 销货单位 | 名　　称：上海金属制造有限公司
纳税人识别号：3101106008868540
地　址、电话：上海市南丹路 888 号
021-68506688
开户行及账号：工行徐汇支行 216-86489742 | 备注 | 上海金属制造有限公司
发票专用章 |

收款人：　　　复核：　　　开票人：李月明　　　销货单位：(章)

收　料　单

供货单位：上海金属制造有限公司　　　　2019 年 6 月 16 日　　　　NO. 05015

发票号码：2086702　　　　　　　　　　　　　　　　　　　　　仓库：材料仓库

记账联

材料编号	材料名称 及规格	计量单位	数　量		单价	金　额	备注
			应收	实收			
DJT5001	电解铜	吨	3	3		187 500.00	
合　计						187 500.00	

质量检验：　　　　　收料：　　　　　制单：

上海市企业单位统一收据

思开 07-3856621

年　月　日

③ 记账联

交款单位	_____		
人民币(大写)	_____	￥	_____
系　付	_____		

现　金	
支　票	
付　委	

收款单位(盖章有效)　　　　财务_____　　　　经手人_____

经济业务(7-1)

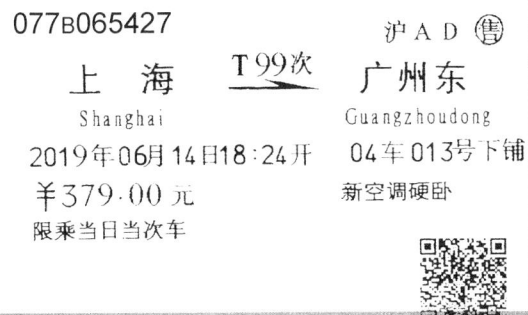

经济业务(7-2)

44001053320

广东增值税普通发票

发票联

No.13285731

开票日期：2019 年 06 月 17 日

购货方	名　　称：上海立信制造有限公司 纳税人识别号：310865493120682 地址、电话：上海市江川路 268 号； 　　　　　　021-64907868 开户行及账号：中国民生银行西南支行 　　　　　　0224014210003388	密码区	/872＝＜34570102/1812/1763214054＜1643 1＋＞ 6293645 1380 ＊＞3100273456 ＜34 ＊3927＜-8231 02789754 TRUE 210＜-＋＜-＋28 ＊3927/＜- 34＝- 721＞4-2

货物或应税劳务名称	规格型号	单位	数量	单　价	金　额	税率	税　额
餐饮消费		元		230.00	230.00	3％	6.90
合　计					￥230.00		￥6.90

价税合计(大写)	贰佰叁拾陆元玖角整	(小写)￥236.90

销货单位	名　　称：广州大家乐饮食有限公司 纳税人识别号：440404668223431 地址、电话：广州大道北路 1811 号 　　　　　　020-36732019 开户行及账号：工行广州分行 3682543	备注	广州大家乐饮食有限公司 440404668223431 发票专用章

收款人：　　　　复核：　　　　开票人：秦林　　　　销货单位：(章)

第三联：发票联　购货方记账凭证

44001072119

广东增值税普通发票

发票联

No. 31724577

开票日期：2019 年 06 月 18 日

购货方	名　　　称：上海立信制造有限公司 纳税人识别号：310865493120682 地址、电话：上海市江川路 268 号； 021-64907868 开户行及账号：中国民生银行西南支行 0224014210003388	密码区	/721 ＝ ＜ 17180102/0804/4230814054 ＜ 23568＋＞ 1719064 1380 ＊ ＞3100149708 ＜42＊3927＜-7149 02941214 TRUE 440＜-＋＜-＋28＊3927/＜-23＝-436＞2-6

货物或应税劳务名称	规格型号	单位	数量	单　价	金　额	税率	税　额
住宿		元		1 400.00	1 400.00	3%	42.00
合　计					￥1 400.00		￥42.00

价税合计(大写)	壹仟肆佰肆拾贰元整	(小写)￥1 442.00

销货单位	名　　　称：广州市交通大厦酒店有限公司 纳税人识别号：440401279591708 地址、电话：广东省珠海市水湾路 19 号 020-8884474 开户行及账号：工行珠海分行 8871218	备注	广州市交通大厦酒店有限公司 440401279591708 发票专用章

收款人：　　　复核：　　　开票人：张明山　　　销货单位：(章)

第三联：发票联　购货方记账凭证

外埠差旅费报销单

年　月　日

出差人姓名		工作部门		
出差事由		出差日期	自	至
出差地点		出差天数		
费用种类	票据张数	金额	报销结算情况	
			预借金额	
			报销金额	
			返回金额	
			应补金额	
报销金额合计(大写)			(小写)￥	

报销人：　　　部门主管：　　　审核：　　　出纳：

中国移动通信集团上海有限公司
CHINA MOBILE GROUP SHANGHAI CO.,LTD

定额发票

储值卡出售专用

发票代码：231000749046
发票号码：35991625

卡号＿＿＿＿＿＿＿＿＿＿＿＿＿＿

 人民币 **壹佰元整**

工商登记号：企独沪总副字第 028412 号
税务登记号：310046132149237

经办人＿＿＿＿＿＿＿

中国移动通信集团上海有限公司
CHINA MOBILE GROUP SHANGHAI CO.,LTD

定额发票

储值卡出售专用

发票代码：231000749046
发票号码：01121490

卡号＿＿＿＿＿＿＿＿＿＿＿＿＿＿

 人民币 **壹佰元整**

工商登记号：企独沪总副字第 028412 号
税务登记号：310046132149237

经办人＿＿＿＿＿＿＿

中国移动通信集团上海有限公司
CHINA MOBILE GROUP SHANGHAI CO.,LTD

定额发票

储值卡出售专用

发票代码：231001049046
发票号码：10832250

卡号＿＿＿＿＿＿＿＿＿＿＿＿＿＿

 人民币 **壹佰元整**

工商登记号：企独沪总副字第 028412 号
税务登记号：310046132149237

经办人＿＿＿＿＿＿＿

沪光印务2010.4印30000本(100×1)10458001-13458000

上海立信制造有限公司费用报销单

部门：总经理办公室　　　　　　　2019 年 6 月 23 日

摘　要	金　额	
通讯费	300.00	附件 张
合　计　人民币(大写)叁佰元整	￥ 300.00	

报销方式(✓)	银行存款 ( )	现金 (✓)	转账 ( )	主管领导：杨文兵　　审核：　　出纳：　　报销人：张强

贷记凭证
（回单联）　AA03293746

签发日期：　年　月　日　**1**

付款人	
账　号	
开户行	
人民币	
收款人	
账　号	
开户行	

用途：
单位主管　　会计
　　复核　　记账

① 此联作付款人回单

中国民生银行上海分行贷记凭证　凭证号码 AA03293746

签发日期(大写)　　　年　　月　　日　**2**

付款人	全　称		收款人	全　称	
	账　号			账　号	
	开户银行			开户银行	

人民币(大写)	千 百 十 万 千 百 十 元 角 分

用途_____

上列款项请从
我账户内支付
付款人签章

复核　　　记账　　　验印

② 此联作付款人开户行借方凭证

经济业务(10-1)

领 料 单

2019 年 6 月 30 日

NO. 0077120

领料单位：

用途：生产塑料绝缘电线

仓库：材料仓库

材料编号	材料名称及规格	计量单位	数 量		单价	金 额	备注	
			请领	实领				记账联
YHL4866	氧化铝	吨	5	5	2 750	13 750		
	合　计					13 750		

领料单位负责人：　　　　　领料人：肖一明　　　　　发料人：余小龙

经济业务(10-2)

限 额 领 料 单

领料单位：第二生产车间

2019 年 6 月

编号：000301

用途：电线

仓库：材料仓库

材料类别	材料编号	材料名称及规格	计量单位	领用限额	实际领用	单价	金额	备注	
有色金属	DJT5001	电解铜	吨	20	20	62 500			
日期	请　领		实　发			限额结余	退　库		
	数量	领料单位盖章	数量	发料人	领料人		数量	退库单编号	
8	8		8			12			
13	5		5			7			
20	7		7			0			
合计									

供应部门负责人：　　　　生产计划部门负责人：　　　　仓库负责人：

实训二　记账凭证填制和审核

一、实验目的

掌握记账凭证填制和审核。

二、实验资料

上海立信制造有限公司 2019 年 9 月证明经济业务发生的原始凭证。

三、实验要求

填制并审核记账凭证。

经济业务(1-1)

3100101026

上海增值税专用发票

No.02086712

开票日期：2019 年 9 月 1 日

| 购货单位 | 名　　称：上海立信制造有限公司
纳税人识别号：310865493120682
地　址、电话：上海市江川路 268 号
开户行及账号：中国民生银行上海西南支行
0224014210003388 | 密码区 | /801＝＜428131025－0＊8
17934＋＞53601314＞169
＜37＊5231＞＜－735968＞46
57＊5481/＜－4634892＞4 | 加密版本 01
3100101026
02086712 |

货物或应税劳务名称	规格型号	单位	数量	单　价	金　　额	税率	税　　额
电解铜		吨	6	62 500.00	375 000.00	13％	48 750.00
合　　计					￥375 000.00		￥48 750.00

价税合计(大写)	肆拾贰万叁仟柒佰伍拾圆整	(小写)￥423 750.00

| 销货单位 | 名　　称：上海金属制造有限公司
纳税人识别号：310106008868548
地　址、电话：上海市南丹路 888 号
68506688
开户行及账号：工行徐汇支行 216－86489742 | 备注 | 上海金属制造有限公司
发票专用章 |

收款人：　　　　复核：　　　　开票人：杨凌玲　　　　销货单位：(章)

经济业务(1-2)

收　料　单

供货单位：上海金属制造有限公司　　　　2019 年 9 月 1 日　　　　编号：05421
发票号码：2086712　　　　　　　　　　　　　　　　　　　　　　仓库：材料仓库

材料编号	材料名称 及规格	计量单位	数　量		单价	金　　额	备注
			应收	实收			
电解铜	DJT5001	吨	6	6	62 500	375 000	

质量检验：李红　　　　　　收料：张婷　　　　　　制单：张婷

记账联

经济业务(1-3)

中国民生银行
支票存根

30503130
00126358

附加信息 _____

_____

_____

出票日期 2019 年 9 月 1 日

| 收款人：上海金属制造有限公司 |
| 金　　额：￥423 750.00 |
| 用　　途：支付货款 |

单位主管　王莹莹　　会计　卢晓颖

经济业务(2)

中国民生银行
支票存根

30503130
00126359

附加信息 _____

_____

_____

出票日期 2019 年 9 月 5 日

| 收款人：上海立信制造有限公司 |
| 金　　额：￥6 000.00 |
| 用　　途：备用金 |

单位主管　王莹莹　　会计　卢晓颖

上海增值税专用发票

3100101026　　　　　　　　　　　　　　　　　　　　　No.02098316

此联不作报销、扣税凭证使用　　　　开票日期：2019 年 9 月 8 日

购货单位	名　　称：上海沪西供电公司 纳税人识别号：310200981204828 地址、电话：上海市长宁路 1285 号 开户行及账号：工行长宁分行 216 − 804215668	密码区	/801＝＜428131025 − 0 ＊ 8 17934＋＊28601314＞169 ＜37 ＊ 5831＞＜− 735968＞46 57 ＊ 5481/＜− 4634892＞4	加密版本 01 3100101026 02098316

货物或应税劳务名称	规格型号	单位	数量	单价	金额	税率	税额
普通绝缘电线		卷	1 000	144.00	144 000.00	13％	18 720.00
合　　计					￥144 000.00		￥18 720.00

价税合计(大写)	壹拾陆万贰仟柒佰贰拾圆整		(小写)￥162 720.00

销货单位	名　　称：上海立信制造有限公司 纳税人识别号：310865493120682 地址、电话：上海市江川路 268 号 开户行及账号：中国民生银行上海西南支行 0224014210003388	备注	上海立信制造有限公司 发票专用章

收款人：　　　复核：　　　开票人：张晓峰　　　销货单位：(章)

第一联：记账联　销货方记账凭证

上海增值税专用发票

3100101026　　　　　　　　　　　　　　　　　　　　　No.02098317

此联不作报销、扣税凭证使用　　　　开票日期：2019 年 9 月 8 日

购货单位	名　　称：上海沪西供电公司 纳税人识别号：310200981204828 地址、电话：上海市长宁路 1285 号 开户行及账号：工行长宁分行 216 − 804215668	密码区	/801＝＜428131025 − 0 ＊ 8 17934＋＊28601314＞169 ＜37 ＊ 5831＞＜− 091668＞46 57 ＊ 5481/＜− 4634892＞4	加密版本 01 3100101026 02098317

货物或应税劳务名称	规格型号	单位	数量	单价	金额	税率	税额
通用橡套电缆		米	100 000	1.52	152 000.00	13％	19 760.00
合　　计					￥152 000.00		￥19 760.00

价税合计(大写)	壹拾柒万壹仟柒佰陆拾圆整		(小写)￥171 760.00

销货单位	名　　称：上海立信制造有限公司 纳税人识别号：310865493120682 地址、电话：上海市江川路 268 号 开户行及账号：中国民生银行上海西南支行 0224014210003388	备注	上海立信制造有限公司 发票专用章

收款人：　　　复核：　　　开票人：张晓峰　　　销货单位：(章)

第一联：记账联　销货方记账凭证

![中国民生银行 CHINA MINSHENG BANKING CORP. LTD.]

进 账 单 (收账通知) 3

2019 年 9 月 8 日

出票人	全　称	上海沪西供电公司	收款人	全　称	上海立信制造有限公司
	账　号	216-804215668		账　号	0224014210003388
	开户银行	工行长宁分行		开户银行	中国民生银行上海西南支行

金额	人民币(大写)	叁拾叁万肆仟肆佰捌拾元整	亿	千	百	十	万	千	百	十	元	角	分
					¥	3	3	4	4	8	0	0	0

票据种类	支票	票据张数	1	
票据号码		AB653226		

复核　　　　记账

收款人开户银行签章

31001053918

上海增值税普通发票

发票联

No. 01506691

开票日期：2019 年 9 月 12 日

购货方	名　　称：上海立信制造有限公司 纳税人识别号：310865493120682 地址、电话：上海市江川路 268 号； 021-64907868 开户行及账号：中国民生银行上海西南支行 0224014210003388	密码区	/925=＜9829102/0804/3990814054＜28643 ＋＞ 6293645 1380＊＞3100121026 ＜34＊3927＞＜-8231 02943754 TRUE 210＜-＋＜-＋28＊3927/＜- 37＝-926＞ 7-9

货物或应税劳务名称	规格型号	单位	数量	单价	金额	税率	税额
惠普黑彩高容墨盒套装	CB33622860XL	元	1	475.00	475.00	3%	14.25
合　计					¥475.00		¥14.25

价税合计(大写)	肆佰捌拾玖元贰角伍分	现金付讫	(小写)¥489.25

销货单位	名　　称：上海圆迈贸易有限公司 纳税人识别号：310114666025597 地址、电话：上海市嘉定工业区洪德路 1365 号 8 幢 402606-5500 开户行及账号：工行松江分行 3473168	备注	上海圆迈贸易有限公司 310114666025597 发票专用章

收款人：　　　　复核：　　　　开票人：高莉俊　　　　销货单位：(章)

经济业务（4-2）

上海立信制造有限公司费用报销单

部门：总经理办公室　　　　　　　　2019 年 9 月 12 日

摘　　要	金　额	
办公用品	489.25	附件一张
现金付讫		
合　计　人民币（大写）肆佰捌拾玖元贰角伍分	￥489.25	

报销方式（✓）	银行存款（　）	现金（✓）	转账（　）	主管领导：杨文兵　审核：张明　出纳：许芳　报销人：张强

经济业务（5）

委托银行收款凭证（付款通知）

④ 专用　　托收号码：
NO. 109742
021509788

委托日期　　　　2019 年 9 月 15 日

此联是付款单位开户银行给付款单位的付款通知

汇款人	全　称	上海立信制造有限公司	收款人	全　称	上海市自来水公司营业所										
	账　号	0224014210003388		账　号	345－72714691										
	开户银行	中国民生银行西南支行		开户银行	工行闵行支行营业部										

金　额	人民币（大写）贰仟柒佰玖拾元整	万	千	百	十	万	千	百	十	元	角	分
							￥2	7	9	0	0	0

结算原因	水费	合同号码	239488	附寄单证张数

会计分录（　） 　　对方科目（　） 会计　　出纳　　复核　　记账	上列款项已根据受款单位委托从你单位账户付出： 中国工商银行上海市分行 闵行支行业务章 2019.9.15 （付款单位开户银行盖章）

3100101026

上海增值税专用发票

No.02086724

开票日期：2019 年 9 月 25 日

购货单位	名　称：上海立信制造有限公司 纳税人识别号：310865493120682 地址、电话：上海市江川路 268 号 开户行及账号：中国民生银行上海西南支行 0224014210003388		密码区	/801＝＜428131025-0＊8　加密版本 01 17934＋＊28539614＞169　3100101026 ＜37＊5831＞＜-091668＞46　02086724 57＊5481/＜-4634892＞4	

货物或应税劳务名称	规格型号	单位	数量	单　价	金　额	税率	税　额
电解铜		吨	10	62 500.00	625 000.00	13％	81 250.00
合　计					￥625 000.00		￥81 250.00

价税合计(大写)	柒拾零万陆仟贰佰伍拾圆整	(小写)￥706 250.00

销货单位	名　称：上海金属制造有限公司 纳税人识别号：310106008868548 地址、电话：上海市南丹路 888 号 68506688 开户行及账号：工行徐汇支行 216-86489742	备注	上海金属制造有限公司 发票专用章

收款人：　　　复核：　　　开票人：杨凌玲　　　销货单位：(章)

第三联：发票联　购货方记账凭证

收　料　单

供货单位：上海金属制造有限公司　　　2019 年 9 月 25 日　　　编号：05422

发票号码：20867124　　　仓库：材料仓库

材料编号	材料名称及规格	计量单位	数　量		单价	金　额	备注
			应收	实收			
电解铜	DJT5001	吨	10	10	62 500	625 000	

质量检验：李红　　　收料：张婷　　　制单：张婷

记账联

经济业务(7)

3100101026

上海增值税专用发票

No.02098318

此联不作报销、扣税凭证使用　　开票日期：2019 年 9 月 28 日

购货单位	名　　　称：上海沪西供电公司 纳税人识别号：310200981204828 地址、电话：上海市长宁路 1285 号 开户行及账号：工行长宁分行 　　　　　　216－804215668	密码区	/801＝＜427498025－0＊8 17934＋＊28601314＞169 ＜37＊5831＞＜－091668＞46 57＊5481/＜－4634892＞4	加密版本 01 3100101026 02098318

货物或应税劳务名称	规格型号	单位	数量	单　价	金　　额	税率	税　　额
普通绝缘电线		卷	2 000	144	288 000.00	13％	37 440.00
通用橡套电缆		米	100 000	1.52	152 000.00	13％	19 760.00
合　　　计					￥440 000.00		￥57 200.00

价税合计(大写)	肆拾玖万柒仟贰佰圆整	(小写)￥497 200.00

销货单位	名　　　称：上海立信制造有限公司 纳税人识别号：310865493120682 地址、电话：上海市江川路 268 号 开户行及账号：中国民生银行上海西南支行 　　　　　　0224014210003388	备注	上海立信制造有限公司 发票专用章

收款人：　　　　复核：　　　　开票人：张晓峰　　　　销货单位：(章)

经济业务(8)

上海市企业单位统一收据

思开 07－3856658

2019 年 9 月 29 日

交款单位　华兴公司　　　　　　　　现金收讫

人民币(大写)　陆佰元整　　　　　　　　　￥　600.00

系　　付　借用包装物押金

上海立信制造有限公司
财务专用章

现　金	✓
支　票	
付　委	

收款单位(盖章有效)　　　　财务　张明　　　　经手人　许芳

③ 记账联

经济业务(9)

固定资产折旧计算表

2019 年 9 月

使用部门	上月折旧额	上月增加固定资产增加折旧额	上月减少固定资产减少折旧额	本月折旧额
生产车间	19 382	9 800	7 500	21 682
行政管理部门	12 216	1 000		13 216
产品销售门市部	782			782
合　　计	32 380	10 800	7 500	35 680

复核:张明　　　　　　　　　　　　　制单:彭博

经济业务(10)

预付费用摊销表

2019 年 9 月

项　　目	金　　额	摊销期限	已摊销额	本月摊销额
销售门市部房租	36 000	6 个月	12 000	6 000

复核:张明　　　　　　　　　　　　　制单:彭博

收 款 凭 证

年　　月　　日

总号	
分号	

借方科目

摘　　要	应贷科目		√	金　　额										附件
	一级科目	二级或明细科目		千	百	十	万	千	百	十	元	角	分	
														张
合　　计														

财务主管　　　　　记账　　　　　出纳　　　　　复核　　　　　制单

收 款 凭 证

年　月　日

总号	
分号	

借方科目

摘　　要	应 贷 科 目		√	金　　额										附件
	一级科目	二级或明细科目		千	百	十	万	千	百	十	元	角	分	
														张
合　　计														

财务主管　　　　　记账　　　　　出纳　　　　　复核　　　　　制单

付 款 凭 证

年　月　日

总号	
分号	

贷方科目

摘　　要	应 借 科 目		√	金　　额										附件
	一级科目	二级或明细科目		千	百	十	万	千	百	十	元	角	分	
														张
合　　计														

财务主管　　　　　记账　　　　　出纳　　　　　复核　　　　　制单

付 款 凭 证

年　月　日

总号	
分号	

贷方科目

摘　　要	应 借 科 目		√	金　　额										附件
	一级科目	二级或明细科目		千	百	十	万	千	百	十	元	角	分	
														张
合　　计														

财务主管　　　　　记账　　　　　出纳　　　　　复核　　　　　制单

付 款 凭 证

年　月　日

总号	
分号	

贷方科目

摘　　要	应 借 科 目		√	金　　额										附件
	一级科目	二级或明细科目		千	百	十	万	千	百	十	元	角	分	
														张
合　　计														

财务主管　　　　　记账　　　　　出纳　　　　　复核　　　　　制单

付 款 凭 证

年　月　日

总号	
分号	

贷方科目

摘　　要	应 借 科 目		√	金　　额										附件
	一级科目	二级或明细科目		千	百	十	万	千	百	十	元	角	分	
														张
合　　计														

财务主管　　　　　记账　　　　　出纳　　　　　复核　　　　　制单

转 账 凭 证

年　月　日

总号	
分号	

摘要																
借 方 科 目			贷 方 科 目			金　　额										附件
一级科目	二级或明细科目	√	一级科目	二级或明细科目	√	千	百	十	万	千	百	十	元	角	分	
																张
合　　计																

财务主管　　　　　记账　　　　　复核　　　　　制单

转 账 凭 证

年　月　日

总号	
分号	

摘要																
借 方 科 目			贷 方 科 目			金 额										
一级科目	二级或明细科目	√	一级科目	二级或明细科目	√	千	百	十	万	千	百	十	元	角	分	
																附件
																张
合　计																

财务主管　　　　　记账　　　　　复核　　　　　制单

转 账 凭 证

年　月　日

总号	
分号	

摘要																
借 方 科 目			贷 方 科 目			金 额										
一级科目	二级或明细科目	√	一级科目	二级或明细科目	√	千	百	十	万	千	百	十	元	角	分	
																附件
																张
合　计																

财务主管　　　　　记账　　　　　复核　　　　　制单

转 账 凭 证

年　月　日

总号	
分号	

摘要																
借 方 科 目			贷 方 科 目			金 额										
一级科目	二级或明细科目	√	一级科目	二级或明细科目	√	千	百	十	万	千	百	十	元	角	分	
																附件
																张
合　计																

财务主管　　　　　记账　　　　　复核　　　　　制单

实训三　特种日记账登记

一、实验目的

掌握库存现金日记账和银行存款日记账的登记。

二、实验资料

上海立信制造有限公司 2019 年 1 月有关资料如下：

1. 库存现金日记账
2. 银行存款日记账
3. 记账凭证

三、实验要求

根据记账凭证登记库存现金日记账和银行存款日记账并结账。

库存现金日记账

2019年		凭证号数	对应科目	摘要	借　方（收入）													贷　方（付出）														结　存													
月	日				百	十	亿	千	百	十	万	千	百	十	元	角	分	百	十	亿	千	百	十	万	千	百	十	元	角	分	百	十	亿	千	百	十	万	千	百	十	元	角	分
1	1			上年转入																																		4	5	6	0	0

银行存款日记账

2019年		凭证	对应科目	摘要	借　方（收入）													贷　方（付出）													结　存												
月	日	号数			百	十	亿	千	百	十	万	千	百	十	元	角	分	百	十	亿	千	百	十	万	千	百	十	元	角	分	百	十	亿	千	百	十	万	千	百	十	元	角	分
1	1	1		上年转入																															1	0	8	4	0	0	0	0	0

付 款 凭 证

2019 年 1 月 4 日

总号	银付
分号	1

贷方科目　　　银行存款

摘　　要	应 借 科 目		√	金　　额									
	一级科目	二级或明细科目		千	百	十	万	千	百	十	元	角	分
提取现金	库存现金							8	0	0	0	0	0
合　　计							¥	8	0	0	0	0	0

附件 1 张

财务主管　　　记账　　　出纳 许芳　　　复核 张明　　　制单 许芳

收 款 凭 证

2019 年 1 月 4 日

总号	银收
分号	1

借方科目　　　银行存款

摘　　要	应 贷 科 目		√	金　　额									
	一级科目	二级或明细科目		千	百	十	万	千	百	十	元	角	分
收到瑞安公司前欠货款	应收账款	瑞安公司			3	0	0	0	0	0	0	0	0
合　　计					¥	3	0	0	0	0	0	0	0

附件 1 张

财务主管　　　记账　　　出纳 许芳　　　复核 张明　　　制单 许芳

收 款 凭 证

2019 年 1 月 5 日

总号	银收
分号	2

借方科目　　　银行存款

摘　　要	应 贷 科 目		√	金　　额									
	一级科目	二级或明细科目		千	百	十	万	千	百	十	元	角	分
收到友谊公司追加投资	实收资本	友谊公司			2	0	0	0	0	0	0	0	0
合　　计					¥	2	0	0	0	0	0	0	0

附件 2 张

财务主管　　　记账　　　出纳 许芳　　　复核 张明　　　制单 许芳

转 账 凭 证

2019 年 1 月 8 日

总号	转
分号	1

摘要 销售产品款未收

借 方 科 目			贷 方 科 目			金 额									
一级科目	二级或明细科目	√	一级科目	二级或明细科目	√	千	百	十	万	千	百	十	元	角	分
应收账款	江川公司		主营业务收入	塑料绝缘电线				1	1	5	2	0	0	0	0
应收账款	江川公司		主营业务收入	通用橡套电缆					9	1	2	0	0	0	0
应收账款	江川公司		应交税费	应交增值税(销项税额)					2	6	8	3	2	0	0
合　计						¥	2	3	3	2	3	2	0	0	

财务主管　　　　记账　　　　　　复核　张明　　　　　　　制单　彭博

附件 1 张

转 账 凭 证

2019 年 1 月 11 日

总号	转
分号	2

摘要 购料入库货款未付

借 方 科 目			贷 方 科 目			金 额									
一级科目	二级或明细科目	√	一级科目	二级或明细科目	√	千	百	十	万	千	百	十	元	角	分
原材料	电解铜		应付账款	上海金属制造有限公司					3	7	5	0	0	0	0	0
应交税费	应交增值税(进项税额)		应付账款	上海金属制造有限公司						4	8	7	5	0	0	0
合　计						¥	4	2	3	7	5	0	0	0	

财务主管　　　　记账　　　　　　复核　张明　　　　　　　制单　彭博

附件 2 张

付 款 凭 证

2019 年 1 月 11 日

总号	银付
分号	2

贷方科目　　　　银行存款

摘　要	应 借 科 目		√	金 额								
	一级科目	二级或明细科目		千	百	十	万	千	百	十	元	角	分
支付管理部门设备修理费	管理费用	修理费						1	6	2	0	0	0
合　计								¥	1	6	2	0	0	0

财务主管　　　记账　　　　出纳　许芳　　　　　复核　张明　　　　　　制单　许芳

附件 2 张

付 款 凭 证

2019 年 1 月 12 日

<table>
<tr><td colspan="2" rowspan="2"></td><td colspan="3">总号</td><td colspan="3">银付</td></tr>
<tr><td colspan="3">分号</td><td colspan="3">3</td></tr>
</table>

贷方科目　　　银行存款

摘　　要	应 借 科 目		✓	金　　额									
	一级科目	二级或明细科目		千	百	十	万	千	百	十	元	角	分
交纳上月增值税	应交税费	未交增值税					4	0	0	0	0	0	0
合　　计						￥	4	0	0	0	0	0	0

附件 1 张

财务主管　　　记账　　　出纳　许芳　　　复核　张明　　　制单　许芳

付 款 凭 证

2019 年 1 月 13 日

<table>
<tr><td colspan="2" rowspan="2"></td><td colspan="3">总号</td><td colspan="3">现付</td></tr>
<tr><td colspan="3">分号</td><td colspan="3">1</td></tr>
</table>

贷方科目　　　库存现金

摘　　要	应 借 科 目		✓	金　　额									
	一级科目	二级或明细科目		千	百	十	万	千	百	十	元	角	分
蒋磊预借差旅费	其他应收款	蒋　磊						5	0	0	0	0	0
合　　计							￥	5	0	0	0	0	0

附件 1 张

财务主管　　　记账　　　出纳　许芳　　　复核　张明　　　制单　许芳

付 款 凭 证

2019 年 1 月 13 日

<table>
<tr><td colspan="2" rowspan="2"></td><td colspan="3">总号</td><td colspan="3">现付</td></tr>
<tr><td colspan="3">分号</td><td colspan="3">2</td></tr>
</table>

贷方科目　　　库存现金

摘　　要	应 借 科 目		✓	金　　额									
	一级科目	二级或明细科目		千	百	十	万	千	百	十	元	角	分
支付业务招待费	管理费用	业务招待费							5	6	0	0	0
合　　计								￥	5	6	0	0	0

附件 1 张

财务主管　　　记账　　　出纳　许芳　　　复核　张明　　　制单　许芳

付 款 凭 证

2019 年 1 月 15 日

总号	银付
分号	4

贷方科目　　　银行存款

摘　　要	应 借 科 目		√	金　　额									
	一级科目	二级或明细科目		千	百	十	万	千	百	十	元	角	分
购料入库,支票支付货款	原材料	电解铜				5	6	2	5	0	0	0	0
	应交税费	应交增值税(进项税额)					7	3	1	2	5	0	0
合　　计					¥	6	3	5	6	2	5	0	0

附件 3 张

财务主管　　　记账　　　出纳　许芳　　　复核　张明　　　制单　许芳

收 款 凭 证

2019 年 1 月 18 日

总号	银收
分号	3

借方科目　　　银行存款

摘　　要	应 贷 科 目		√	金　　额									
	一级科目	二级或明细科目		千	百	十	万	千	百	十	元	角	分
收到江川公司前欠货款	应收账款	江川公司				2	3	3	2	3	2	0	0
合　　计					¥	2	3	3	2	3	2	0	0

附件 1 张

财务主管　　　记账　　　出纳　许芳　　　复核　张明　　　制单　许芳

收 款 凭 证

2019 年 1 月 19 日

总号	现收
分号	1

借方科目　　　库存现金

摘　　要	应 贷 科 目		√	金　　额									
	一级科目	二级或明细科目		千	百	十	万	千	百	十	元	角	分
蒋磊归还预支款	其他应收款	蒋磊						5	0	0	0	0	0
合　　计							¥	5	0	0	0	0	0

附件 1 张

财务主管　　　记账　　　出纳　许芳　　　复核　张明　　　制单　许芳

付 款 凭 证

2019 年 1 月 19 日

总号	现付
分号	3

贷方科目　　库存现金

摘　要	应 借 科 目		√	金　额									
	一级科目	二级或明细科目		千	百	十	万	千	百	十	元	角	分
蒋磊报销差旅费	管理费用	差旅费						6	5	0	0	0	0
合　计							￥	6	5	0	0	0	0

财务主管　　记账　　出纳　许芳　　复核　张明　　制单　许芳

附件 1 张

付 款 凭 证

2019 年 1 月 22 日

总号	银付
分号	5

贷方科目　　银行存款

摘　要	应 借 科 目		√	金　额									
	一级科目	二级或明细科目		千	百	十	万	千	百	十	元	角	分
购入生产设备	固定资产					7	0	0	0	0	0	0	0
	应交税费	应交增值税(进项税额)					9	1	0	0	0	0	0
合　计					￥	7	9	1	0	0	0	0	0

财务主管　　记账　　出纳　许芳　　复核　张明　　制单　许芳

附件 2 张

收 款 凭 证

2019 年 1 月 25 日

总号	银收
分号	4

借方科目　　银行存款

摘　要	应 贷 科 目		√	金　额									
	一级科目	二级或明细科目		千	百	十	万	千	百	十	元	角	分
销售产品,货款收到	主营业务收入	塑料绝缘电线					3	6	0	0	0	0	0
	主营业务收入	通用橡胶电缆					2	7	3	6	0	0	0
	应交税费	应交增值税(销项税额)						8	2	3	6	8	0
合　计					￥	7	1	5	9	6	8	0	0

财务主管　　记账　　出纳　许芳　　复核　张明　　制单　许芳

附件 2 张

付 款 凭 证

2019 年 1 月 28 日

总号	银付
分号	6

摘　　要	应　借　科　目		✓	金　　额									
	一级科目	二级或明细科目		千	百	十	万	千	百	十	元	角	分
支付广告费	销售费用	广告费					1	0	0	0	0	0	0
合　　计					￥	1	0	0	0	0	0	0

附件 2 张

财务主管　　　　记账　　　　出纳 许芳　　　　复核 张明　　　　制单 许芳

转 账 凭 证

2019 年 1 月 31 日

总号	转
分号	3

摘要　生产车间领用材料

借　方　科　目		✓	贷　方　科　目		✓	金　　额								
一级科目	二级或明细科目		一级科目	二级或明细科目		千	百	十	万	千	百	十	元	角	分
生产成本	塑料绝缘电线		原材料	电解铜				1	7	2	3	3	0	0	0
生产成本	塑料绝缘电线		原材料	氧化铝					6	3	2	7	0	0	0
生产成本	塑料绝缘电线		原材料	PVC					3	0	5	4	0	0	0
制造费用			原材料	一般耗用材料						6	8	0	0	0	0
合　　计							￥	2	6	6	8	2	0	0	0

附件 1 张

财务主管　　　　记账　　　　复核 张明　　　　制单 彭博

转 账 凭 证

2019 年 1 月 31 日

总号	转
分号	4

摘要　生产产品耗用材料

借　方　科　目		✓	贷　方　科　目		✓	金　　额								
一级科目	二级或明细科目		一级科目	二级或明细科目		千	百	十	万	千	百	十	元	角	分
生产成本	通用橡套电缆		原材料	电解铜				1	4	6	1	2	5	0	0
生产成本	通用橡套电缆		原材料	氧化铝					3	9	3	4	0	0	0
生产成本	通用橡套电缆		原材料	PVC					1	9	6	7	0	0	0
合　　计							￥	2	0	5	1	3	5	0	0

附件 1 张

财务主管　　　　记账　　　　复核 张明　　　　制单 彭博

转 账 凭 证

2019 年 1 月 31 日

总号	转
分号	5

摘要　结算本月应付职工薪酬

借　方　科　目			贷　方　科　目			金　额									
一级科目	二级或明细科目	√	一级科目	二级或明细科目	√	千	百	十	万	千	百	十	元	角	分
生产成本	塑料绝缘电线		应付职工薪酬					1	7	9	2	0	0	0	0
生产成本	通用橡套电缆		应付职工薪酬					1	1	9	8	0	0	0	0
制造费用			应付职工薪酬							4	7	1	2	0	0
管理费用			应付职工薪酬							9	3	1	6	0	0
合　　计							¥	4	3	9	2	8	0	0	

附件 1 张

财务主管　　　　记账　　　　　　复核　张明　　　　　　制单　彭博

转 账 凭 证

2019 年 1 月 31 日

总号	转
分号	6

摘要　计提折旧

借　方　科　目			贷　方　科　目			金　额									
一级科目	二级或明细科目	√	一级科目	二级或明细科目	√	千	百	十	万	千	百	十	元	角	分
制造费用			累计折旧						1	7	0	3	3	0	0
管理费用			累计折旧							6	8	1	4	0	0
合　　计							¥	2	3	8	4	7	0	0	

附件 1 张

财务主管　　　　记账　　　　　　复核　张明　　　　　　制单　彭博

付 款 凭 证

2019 年 1 月 28 日

总号	现付
分号	4

贷方科目　　库存现金

摘　　　要	应　借　科　目		√	金　额									
	一级科目	二级或明细科目		千	百	十	万	千	百	十	元	角	分
购买办公用品	管理费用								8	2	0	0	0
合　　计								¥	8	2	0	0	0

附件 1 张

财务主管　　　记账　　　　出纳　许芳　　　　复核　张明　　　　　制单　许芳

转 账 凭 证

2019 年 1 月 31 日

总号	转
分号	7

摘要 计提短期借款利息															
借 方 科 目			贷 方 科 目			金 额									
一级科目	二级或明细科目	√	一级科目	二级或明细科目	√	千	百	十	万	千	百	十	元	角	分
财务费用			应付利息						2	0	0	0	0	0	0
合 计								¥	2	0	0	0	0	0	0

财务主管　　　　　记账　　　　　复核　张明　　　　　制单　彭博

附件 1 张

转 账 凭 证

2019 年 1 月 31 日

总号	转
分号	8

摘要 分配结转制造费用															
借 方 科 目			贷 方 科 目			金 额									
一级科目	二级或明细科目	√	一级科目	二级或明细科目	√	千	百	十	万	千	百	十	元	角	分
生产成本	塑料绝缘电线		制造费用						1	3	4	4	0	0	0
生产成本	通用橡套电缆		制造费用							8	9	8	5	0	0
合 计								¥	2	2	4	2	5	0	0

财务主管　　　　　记账　　　　　复核　张明　　　　　制单　彭博

附件 1 张

转 账 凭 证

2019 年 1 月 31 日

总号	转
分号	9

摘要 结转完工产品成本															
借 方 科 目			贷 方 科 目			金 额									
一级科目	二级或明细科目	√	一级科目	二级或明细科目	√	千	百	十	万	千	百	十	元	角	分
库存商品	塑料绝缘电线		生产成本	塑料绝缘电线				2	9	7	5	0	0	0	0
库存商品	通用橡套电缆		生产成本	通用橡套电缆				2	2	6	1	0	0	0	0
合 计							¥	5	2	3	6	0	0	0	0

财务主管　　　　　记账　　　　　复核　张明　　　　　制单　彭博

附件 1 张

转 账 凭 证

2019 年 1 月 31 日

总号	转
分号	10

摘要　结转已销产品成本

借　方　科　目			贷　方　科　目			金　　额									
一级科目	二级或明细科目	√	一级科目	二级或明细科目	√	千	百	十	万	千	百	十	元	角	分
主营业务成本	塑料绝缘电线		库存商品	塑料绝缘电线			3	8	6	1	0	0	0	0	0
主营业务成本	通用橡套电缆		库存商品	通用橡套电缆			3	1	4	4	0	0	0	0	0
合　　计						￥	7	0	0	5	0	0	0	0	0

财务主管　　　　记账　　　　　　复核　张明　　　　　　制单　彭博

附件 1 张

转 账 凭 证

2019 年 1 月 31 日

总号	转
分号	11

摘要　结算本月应交所得税

借　方　科　目			贷　方　科　目			金　　额									
一级科目	二级或明细科目	√	一级科目	二级或明细科目	√	千	百	十	万	千	百	十	元	角	分
所得税费用			应交税费	应交所得税				2	5	4	6	7	5	0	
合　　计							￥	2	5	4	6	7	5	0	

财务主管　　　　记账　　　　　　复核　张明　　　　　　制单　彭博

附件 1 张

转 账 凭 证

2019 年 1 月 31 日

总号	转
分号	12

摘要　结转损益类账户

借　方　科　目			贷　方　科　目			金　　额									
一级科目	二级或明细科目	√	一级科目	二级或明细科目	√	千	百	十	万	千	百	十	元	角	分
主营业务收入			本年利润				8	4	0	0	0	0	0	0	0
合　　计							￥	8	4	0	0	0	0	0	0

财务主管　　　　记账　　　　　　复核　张明　　　　　　制单　彭博

附件 张

转 账 凭 证

2019 年 1 月 31 日

总号	转
分号	13

摘要　结转损益类账户

借　方　科　目			贷　方　科　目			金　　额									
一级科目	二级或明细科目	✓	一级科目	二级或明细科目	✓	千	百	十	万	千	百	十	元	角	分
本年利润			管理费用					2	5	6	3	0	0	0	0
本年利润			销售费用					1	0	0	0	0	0	0	0
本年利润			财务费用					2	0	0	0	0	0	0	0
本年利润			主营业务成本				7	0	0	5	0	0	0	0	0
本年利润			所得税费用					2	5	4	6	7	5	0	0
合　　计						¥	7	6	3	5	9	7	5	0	0

财务主管　　　　　记账　　　　　复核　张明　　　　　制单　彭博

附件　张

实训四　原材料分类账登记

一、实验目的

掌握总分类账和明细分类账的登记。

二、实验资料

上海立信制造有限公司 2019 年 3 月有关资料如下：

1. 原材料总分类账

2. 电解铜原材料明细分类账

3. 氧化铝原材料明细分类账

4. PVCSG2 原材料明细分类账

5. 收料单、领料单

三、实验要求

1. 根据收料单和领料单登记原材料明细分类账

2. 对收料单和领料单进行汇总，编制收料凭证汇总表和发料凭证汇总表

3. 根据收料凭证汇总表和发料凭证汇总表编制记账凭证

4. 根据记账凭证登记原材料总分类账

原材料总分类账

2019年		凭证		摘要	对应科目	借方										贷方										借或贷	余额										
月	日	种类	号数			亿	千	百	十	万	千	百	十	元	角	分	亿	千	百	十	万	千	百	十	元	角	分		亿	千	百	十	万	千	百	十	元	角	分
3	1			月初余额																								借			7	6	5	7	5	0	0	0

原材料明细分类账

最高存量　　　　　　计量单位：吨　　　　　　名称　电解铜

最低存量

存放地点　　　　　　规格　　　　　　类别

储备天数

2019年		凭证		摘要	收入										发出										结存										
月	日	种类	号数		数量	单价	金额									数量	单价	金额								数量	单价	金额								
							百	十	万	千	百	十	元	角	分			百	十	万	千	百	十	元	角	分			百	十	万	千	百	十	元	角	分
3	1		1	月初余额																						10	62 500		6	2	5	0	0	0	0	0	0

原材料明细分类账

名称　氧化铝　　规格　　计量单位：吨　　存放地点　　类别　　储备天数　　最高存量　　最低存量

2019年		凭证		摘要	收入		金额（百十万千百十元角分）	发出		金额（百十万千百十元角分）	结存		金额（百十万千百十元角分）
月	日	种类	号数		数量	单价		数量	单价		数量	单价	
3	1			月初余额							25	2 750	6 8 7 5 0 0 0 0

原材料明细分类账

名称　PVC　　类别　　规格　　计量单位：吨　　存放地点　　储备天数　　最高存量　　最低存量

2019年		凭证		摘要	收入		金额									发出		金额									结存		金额								
月	日	种类	号数		数量	单价	百	十	万	千	百	十	元	角	分	数量	单价	百	十	万	千	百	十	元	角	分	数量	单价	百	十	万	千	百	十	元	角	分
3	1			月初余额																							8	9 000			7	2	0	0	0	0	0

领 料 单

领料单位：基本生产车间　　　　　　2019 年 3 月 1 日　　　　　　　　NO.007701

用途：生产塑料绝缘电线　　　　　　　　　　　　　　　　　　　　仓库：材料仓库

材料编号	材料名称及规格	计量单位	数　量		单价	金　额	备注
			请领	实领			
DJT5001	电解铜	吨	6	6	62 500	375 000	
YHL4866	氧化铝	吨	8	8	2 750	22 000	
	合　计					397 000	

记账联

领料单位负责人：向群　　　　　　领料人：肖一明　　　　　　发料人：张婷

收 料 单

供货单位：上海金属制造有限公司　　　2019 年 3 月 5 日　　　　　　　NO.05429

发票号码：2086852　　　　　　　　　　　　　　　　　　　　　　仓库：材料仓库

材料编号	材料名称及规格	计量单位	数　量		单价	金　额	备注
			应收	实收			
DJT5001	电解铜	吨	10	10	62 500	625 000	
YHL4866	氧化铝	吨	10	10	2 750	27 500	
	合　计					652 500	

记账联

质量检验：李红　　　　　　收料：张婷　　　　　　　制单：张婷

收 料 单

供货单位：华夏公司　　　　　　　　2019 年 3 月 6 日　　　　　　　NO.05430

发票号码：5878356　　　　　　　　　　　　　　　　　　　　　　仓库：材料仓库

材料编号	材料名称及规格	计量单位	数　量		单价	金　额	备注
			应收	实收			
PVC201	PVCSG2	吨	10	10	9 000	90 000	
	合　计					90 000	

记账联

质量检验：李红　　　　　　收料：张婷　　　　　　　制单：张婷

领　料　单

领料单位：基本生产车间　　　　　　2019 年 3 月 8 日　　　　　　　　NO. 007702
用途：生产通用橡套电缆　　　　　　　　　　　　　　　　　　　仓库：材料仓库

| 材料编号 | 材料名称及规格 | 计量单位 | 数　量 | | 单价 | 金　额 | 备注 |
			请领	实领			
DJT5001	电解铜	吨	5	5	62 500	312 500	
PVC201	PVCSG2	吨	12	12	9 000	108 000	
	合　计					420 500	

领料单位负责人：向群　　　　　　　　领料人：肖一明　　　　　　　发料人：张婷

记账联

收　料　单

供货单位：上海金属制造有限公司　　　2019 年 3 月 15 日　　　　　　NO. 05431
发票号码：2086865　　　　　　　　　　　　　　　　　　　　　　仓库：材料仓库

| 材料编号 | 材料名称及规格 | 计量单位 | 数　量 | | 单价 | 金　额 | 备注 |
			应收	实收			
DJT5001	电解铜	吨	10	10	62 500	625 000	
	合　计					625 000	

质量检验：李红　　　　　　　　　　收料：张婷　　　　　　　　制单：张婷

记账联

领　料　单

领料单位：基本生产车间　　　　　　2019 年 3 月 15 日　　　　　　　NO. 007703
用途：生产塑料绝缘电线　　　　　　　　　　　　　　　　　　　仓库：材料仓库

| 材料编号 | 材料名称及规格 | 计量单位 | 数　量 | | 单价 | 金　额 | 备注 |
			请领	实领			
YHL4866	氧化铝	吨	10	10	2 750	27 500	
PVC201	PVCSG2	吨	3	3	9 000	27 000	
	合　计					54 500	

领料单位负责人：向群　　　　　　　　领料人：肖一明　　　　　　　发料人：张婷

记账联

收 料 单

供货单位：上海金属制造有限公司　　　　2019 年 3 月 20 日　　　　　　　　NO. 05432

发票号码：2086868　　　　　　　　　　　　　　　　　　　　　　　　　　仓库：材料仓库

材料编号	材料名称及规格	计量单位	数　量		单价	金　额	备注
			应收	实收			
YHL4866	氧化铝	吨	10	10	2 750	27 500	
	合　计					27 500	

质量检验：李红　　　　　　　　　　　收料：张婷　　　　　　　　　　制单：张婷

记账联

领 料 单

领料单位：基本生产车间　　　　　　　2019 年 3 月 25 日　　　　　　　　NO. 007704

用途：生产通用橡套电缆　　　　　　　　　　　　　　　　　　　　　　仓库：材料仓库

材料编号	材料名称及规格	计量单位	数　量		单价	金　额	备注
			请领	实领			
DJT5001	电解铜	吨	10	10	62 500	625 000	
YHL4866	氧化铝	吨	12	12	2 750	33 000	
	合　计					658 000	

领料单位负责人：向群　　　　　　　　领料人：肖一明　　　　　　　　发料人：张婷

记账联

领 料 单

领料单位：基本生产车间　　　　　　　2019 年 3 月 30 日　　　　　　　　NO. 007705

用途：生产塑料绝缘电线　　　　　　　　　　　　　　　　　　　　　　仓库：材料仓库

材料编号	材料名称及规格	计量单位	数　量		单价	金　额	备注
			请领	实领			
YHL4866	氧化铝	吨	12	12	2 750	33 000	
	合　计					33 000	

领料单位负责人：向群　　　　　　　　领料人：肖一明　　　　　　　　发料人：张婷

记账联

收 料 单

供货单位：上海金属制造有限公司　　　　　　　2019 年 3 月 30 日　　　　　　　　　　　　NO.05433

发票号码：2086980　　　　　　　　　　　　　　　　　　　　　　　　　　　　　　　仓库：材料仓库

材料编号	材料名称及规格	计量单位	数　量		单价	金　额	备注
			应收	实收			
DJT5001	电解铜	吨	20	20	62 500	1 250 000	
	合　计					1 250 000	

质量检验：李红　　　　　　　　　　　收料：张婷　　　　　　　　　　　制单：张婷

记账联

收 料 单

供货单位：华夏公司　　　　　　　　　　　　2019 年 3 月 30 日　　　　　　　　　　　　NO.05434

发票号码：5878680　　　　　　　　　　　　　　　　　　　　　　　　　　　　　　　仓库：材料仓库

材料编号	材料名称及规格	计量单位	数　量		单价	金　额	备注
			应收	实收			
PVC201	PVCSG2	吨	20	20	9 000	180 000	
	合　计					180 000	

质量检验：李红　　　　　　　　　　　收料：张婷　　　　　　　　　　　制单：张婷

记账联

收料凭证汇总表

年　月

材料编号	材料名称及规格	计量单位	数　量	单价	金　额

复核：　　　　　　　　　　　　　　　　制单：

发料凭证汇总表

年　　月

用途 ＼ 材料名称					合　计

复核：　　　　　　　　　　　　　　　　制单：

转　账　凭　证

年　　月　　日

总号	
分号	

摘要																
借　方　科　目			贷　方　科　目			金　　额										附件
一级科目	二级或明细科目	√	一级科目	二级或明细科目	√	千	百	十	万	千	百	十	元	角	分	
																张
合　　计																

财务主管　　　　　　　　记账　　　　　　　　复核　　　　　　　　制单

转　账　凭　证

年　　月　　日

总号	
分号	

摘要																
借　方　科　目			贷　方　科　目			金　　额										附件
一级科目	二级或明细科目	√	一级科目	二级或明细科目	√	千	百	十	万	千	百	十	元	角	分	
																张
合　　计																

财务主管　　　　　　　　记账　　　　　　　　复核　　　　　　　　制单

转 账 凭 证

年　月　日

	总号	
	分号	

摘要							金　额										
借 方 科 目			贷 方 科 目														
一级科目	二级或明细科目	✓	一级科目	二级或明细科目	✓	千	百	十	万	千	百	十	元	角	分	
合　计																

财务主管　　　　　　记账　　　　　　复核　　　　　　　　制单

附件　　张

转 账 凭 证

年　月　日

	总号	
	分号	

摘要							金　额										
借 方 科 目			贷 方 科 目														
一级科目	二级或明细科目	✓	一级科目	二级或明细科目	✓	千	百	十	万	千	百	十	元	角	分	
合　计																

财务主管　　　　　　记账　　　　　　复核　　　　　　　　制单

附件　　张

实训五　生产成本分类账登记

一、实验目的
掌握总分类账和明细分类账的登记。

二、实验资料
上海立信制造有限公司 2019 年 4 月有关资料如下：

1. 生产成本总分类账
2. 塑料绝缘电线生产成本明细账
3. 通用橡套电缆生产成本明细账
4. 购买工作服发票及费用报销单
5. 发料凭证汇总表
6. 工资结算汇总表
7. 固定资产折旧计算表
8. 制造费用分配表
9. 在产品收、发、存汇总表

三、实验要求

1. 根据原始凭证编制记账凭证
2. 编制制造费用分配表
3. 根据制造费用分配表编制记账凭证
4. 根据记账凭证登记生产成本明细分类账
5. 根据在产品收、发、存汇总表和生产成本明细账计算各种完工产品成本，并编制产品验收入库的记账凭证
6. 根据记账凭证登记生产成本总分类账及其所属明细分类账并结账

生产成本总分类账

2019年		凭证		摘要	对应科目	借方											贷方											借/贷	余额										
月	日	种类	号数			亿	千	百	十	万	千	百	十	元	角	分	亿	千	百	十	万	千	百	十	元	角	分		亿	千	百	十	万	千	百	十	元	角	分
4	1			月初余额																								借				2	8	8	1	6	0	0

生产成本明细账

2019年		凭证号数	摘要	借方发生额											明细项目																								
															直接材料								直接人工								制造费用								
月	日			亿	千	百	十	万	千	百	十	元	角	分	千	万	千	百	十	元	角	分	千	万	千	百	十	元	角	分	千	万	千	百	十	元	角	分
4	1	1	月初余额				1	3	7	1	6	0	0			9	8	1	6	0	0				2	1	0	0	0	0			1	8	0	0	0	0

• 97 •

生产成本明细账

产品名称：通用橡套电缆

2019年 月	日	凭证号数	摘要	借方发生额											明细项目 直接材料									直接人工									制造费用							
				亿	千	百	十	万	千	百	十	元	角	分	千	百	十	万	千	百	十	元	角	分	千	百	十	万	千	百	十	元	角	分	千	百	十	万	千	百	十	元	角	分
4	1		月初余额				1	5	1	0	0	0	0	0			1	1	3	0	0	0	0	0				2	6	0	0	0	0	0				1	2	0	0	0	0	0

31001059121

上海增值税普通发票

发票联

No.03013729

<table>
<tr><td rowspan="4">购货方</td><td>名　　　　称：上海立信制造有限公司</td><td rowspan="4">密码区</td><td rowspan="4">/382 ＝ ＜ 12730102/0804/3990814054
＜17345＋＞
6293645 1380 ＊ ＞3100121026
＜34 ＊ 3927＜-8231 02321754 TRUE
210＜-＋＜-＋28 ＊ 3927/＜- 37＝- 926＞8 - 1</td></tr>
<tr><td>纳税人识别号：310865493120682</td></tr>
<tr><td>地址 、电话：上海市江川路 268 号；021-
64907868</td></tr>
<tr><td>开户行及账号：中国民生银行上海西南支行
0224014210003388</td></tr>
</table>

第三联：发票联　购货方记账凭证

货物或应税劳务名称	规格型号	单位	数量	单 价	金 额	税率	税 额
工作服		元	10	80.00	800.00	3％	24.00
合　计					￥800.00		￥24.00

价税合计（大写）	捌佰贰拾肆元整	（小写）￥824.00

<table>
<tr><td rowspan="4">销货单位</td><td>名　　　　称：上海市万佳百货有限公司</td><td rowspan="4">备注</td><td rowspan="4">上海市万佳百货有限公司
310224555035579
发票专用章</td></tr>
<tr><td>纳税人识别号：310224555035579</td></tr>
<tr><td>地址 、电话：上海市新苗路 4328 号
021-64988023</td></tr>
<tr><td>开户行及账号：工行闵行分行 5423168</td></tr>
</table>

收款人：　　　　复核：　　　　开票人：周莉莉　　　　销货单位：（章）

上海立信制造有限公司费用报销单

部门：生产车间　　　　　　　2019 年 4 月 11 日

摘　　要	金　　额
购工作服	824.00
现金付讫	
合　计　人民币（大写）捌佰贰拾肆元整	￥824.00

附件一张

报销方式（✓）	银行存款（　）	现金（✓）	转账（　）	主管领导：张军　　审核：张明　　出纳：许芳 报销人：李明峰

发料凭证汇总表

2019 年 4 月

用　途 ＼ 材料名称	电解铜	氧化铝	PVCSG2	消耗性材料	合　计
塑料绝缘电线	189 184	68 000	32 700		289 884
通用橡套电缆	286 860	86 128	36 812		409 800
车间一般耗用				832	832
合　计	476 044	154 128	69 512	832	700 516

复核：张明　　　　　　　　制单：李林荫

工资结算汇总表

2019 年 4 月

用途＼项目	基本工资	奖金津贴	事假病假	应付工资	代扣款项			实发工资
					个人所得税	社会保险费	合计	
塑料绝缘电线生产工人	31 000	1 400		32 400	302	1 860	2 162	30 238
通用橡套电缆生产工人	20 500	1 100		21 600	280	1 600	1 880	19 720
车间管理人员	10 000			10 000	296	1 850	2 146	7 854
行政管理人员	20 180		180	20 000	324	2 465	2 789	17 211
合　计	81 680	2 500	180	84 000	1 202	7 775	8 977	75 023

复核：张明　　　　　　　　　　　制单：李林荫

固定资产折旧计算表

2019 年 4 月

使用部门	上月折旧额	上月增加固定资产增加折旧额	上月减少固定资产减少折旧额	本月折旧额
生产车间	17 382	1 800	838	18 344
行政管理部门	7 900			7 900
合　计	25 282	1 800	838	26 244

复核：张明　　　　　　　　　　　制单：彭博

制造费用分配表

2019 年 4 月

	生产工时	分配率	分配金额
塑料绝缘电线	600		
通用橡套电缆	400		
合　计			

复核：张明　　　　　　　　　　　制单：彭博

在产品收、发、存汇总表

2019 年 4 月

产品名称	计量单位	月初在产品数量	本月投产数量	本月完工数量	月末在产品数量
塑料绝缘电线	卷	500	2 500	3 000	0
通用橡套电缆	米	80 000	270 000	350 000	0

复核：张长江　　　　　　　　　　制单：王翔

付 款 凭 证

年　月　日

<table>
<tr><td>总号</td><td></td></tr>
<tr><td>分号</td><td></td></tr>
</table>

贷方科目

摘　　要	应 借 科 目		√	金　　额									
	一级科目	二级或明细科目		千	百	十	万	千	百	十	元	角	分
合　　计													

附件

张

财务主管　　　　　记账　　　　　出纳　　　　　复核　　　　　制单

转 账 凭 证

年　月　日

<table>
<tr><td>总号</td><td></td></tr>
<tr><td>分号</td><td></td></tr>
</table>

摘要

借 方 科 目			贷 方 科 目			金　　额									
一级科目	二级或明细科目	√	一级科目	二级或明细科目	√	千	百	十	万	千	百	十	元	角	分
合　　计															

附件

张

财务主管　　　　　记账　　　　　复核　　　　　制单

转 账 凭 证

年　月　日

<table>
<tr><td>总号</td><td></td></tr>
<tr><td>分号</td><td></td></tr>
</table>

摘要

借 方 科 目			贷 方 科 目			金　　额									
一级科目	二级或明细科目	√	一级科目	二级或明细科目	√	千	百	十	万	千	百	十	元	角	分
合　　计															

附件

张

财务主管　　　　　记账　　　　　复核　　　　　制单

转 账 凭 证

年　　月　　日

总号	
分号	

摘要															
借 方 科 目			贷 方 科 目			金　　额									
一级科目	二级或明细科目	✓	一级科目	二级或明细科目	✓	千	百	十	万	千	百	十	元	角	分
合　　计															

财务主管　　　　　　　记账　　　　　　　复核　　　　　　　制单

附件　　张

转 账 凭 证

年　　月　　日

总号	
分号	

摘要															
借 方 科 目			贷 方 科 目			金　　额									
一级科目	二级或明细科目	✓	一级科目	二级或明细科目	✓	千	百	十	万	千	百	十	元	角	分
合　　计															

财务主管　　　　　　　记账　　　　　　　复核　　　　　　　制单

附件　　张

转 账 凭 证

年　　月　　日

总号	
分号	

摘要															
借 方 科 目			贷 方 科 目			金　　额									
一级科目	二级或明细科目	✓	一级科目	二级或明细科目	✓	千	百	十	万	千	百	十	元	角	分
合　　计															

财务主管　　　　　　　记账　　　　　　　复核　　　　　　　制单

附件　　张

转 账 凭 证

年　月　日

摘要							金　额										附
借　方　科　目			贷　方　科　目														件
一级科目	二级或明细科目	√	一级科目	二级或明细科目	√	千	百	十	万	千	百	十	元	角	分		
																	张
合　　计																	

财务主管　　　　　记账　　　　　复核　　　　　制单

转 账 凭 证

年　月　日

摘要							金　额										附
借　方　科　目			贷　方　科　目														件
一级科目	二级或明细科目	√	一级科目	二级或明细科目	√	千	百	十	万	千	百	十	元	角	分		
																	张
合　　计																	

财务主管　　　　　记账　　　　　复核　　　　　制单

实训六　管理费用分类账登记

一、实验目的

掌握总分类账和明细分类账的登记。

二、实验资料

上海立信制造有限公司 2019 年 5 月有关资料如下：

1. 行政办公室购买金士顿 16GB U 盘发票及支票存根

2. 业务招待费发票及报销单

3. 上月摊销财产保险费 683 元编制的记账凭证

4. 银行托收凭证及电费分配表

5. 固定资产折旧计算表

三、实验要求

1. 根据原始凭证编制记账凭证

2. 根据记账凭证登记管理费用总分类账和明细分类账

3. 根据管理费用分类账资料编制月末结转管理费用的记账凭证

4. 根据月末结转管理费用的记账凭证登记管理费用总分类账和明细分类账并结账

3100101020

上海增值税专用发票

发票联

No.07424512

开票日期：2019 年 5 月 8 日

<table>
<tr><td rowspan="4">购货单位</td><td>名　　　称：上海立信制造有限公司</td><td rowspan="4">密码区</td><td rowspan="4">/801＝＜428131025－0＊8
17934＋＊28539614＞169
＜37＊5831＞＜－091668＞46
57＊5481/＜－4634892＞4</td><td>加密版本 01</td></tr>
<tr><td>纳税人识别号：310865493120682</td><td>3100101020</td></tr>
<tr><td>地址、电话：上海市江川路 268 号；
　　　　021-64907868</td><td>07424512</td></tr>
<tr><td>开户行及账号：中国民生银行西南支行
　　　　0224014210003388</td><td></td></tr>
</table>

货物或应税劳务名称	规格型号	单位	数量	单价	金额	税率	税额
金士顿 16GB U 盘		个	20	170.00	3 400.00	13%	442.00
				银行付讫			
合　计							

价税合计（大写）	叁仟捌佰肆拾贰圆整	（小写）￥3 842.00

<table>
<tr><td rowspan="4">销货单位</td><td>名　　　称：上海佳能超市有限公司</td><td rowspan="4">备注</td><td rowspan="4"></td></tr>
<tr><td>纳税人识别号：310110607372918</td></tr>
<tr><td>地址、电话：上海市东川路 888 号
　　　　021-68506688</td></tr>
<tr><td>开户行及账号：工行闵行东川路支行
　　　　216-86489742</td></tr>
</table>

上海佳能超市有限公司
发票专用章

收款人：　　　复核：　　　开票人：李月明　　　销货单位：（章）

第三联：发票联　购货方记账凭证

中国民生银行

支票存根

30503130

00126328

附加信息 _____

_____

_____

出票日期　2019 年 5 月 8 日

收款人：上海佳能超市有限公司
金　额：￥3 842.00
用　途：购 16GB U 盘

单位主管　王莹莹　　会计　卢晓颖

浙江莱织华印刷有限公司·2011 年印制

上海立信制造有限公司费用报销单

部门：总经理办公室　　　　　　2019 年 5 月 12 日

摘　　　　要	金　　额	
业务招待费	721.00	附件1张
现金付讫		
合　计　　人民币(大写)柒佰贰拾壹元整	￥721.00	

报销方式(√)	银行存款( )	现金(√)	转账( )	主管领导：徐建新　　审核：张明　　出纳：许芳 报销人：张玲玲

31001052916

上海增值税普通发票

发票联

No. 22039218

开票日期：2019 年 5 月 6 日

购货方	名　　称：上海立信制造有限公司 纳税人识别号：310865493120682 地址、电话：上海市江川路 268 号；021-46907868 开户行及账号：中国民生银行西南支行 0224014210003388	密码区	/925＝＜98290102/0804/399331054＜72643＋＞ 6293645 1380＊＞3100122104 ＜34＊3927＜-8231 02943943 TRUE 210＜-＋＜-＋28＊3927/＜-37＝-896＞3-1

货物或应税劳务名称	规格型号	单位	数量	单　价	金　　额	税率	税　　额
餐饮消费		元		700.00	700.00	3%	21.00
合　计					￥700.00		￥21.00

价税合计(大写)	柒佰贰拾壹元整　　现金付讫	(小写)￥721.00

销货单位	名　　称：上海萨莉亚餐饮有限公司 纳税人识别号：310104751481378 地址、电话：上海市瓶安路 1216 号 021-64906768 开户行及账号：工行闵行分行 6497219	备注	上海萨莉亚餐饮有限公司 310104751481378 发票专用章

收款人：　　　复核：　　　开票人：曹毅　　　销货单位：(章)

第三联：发票联　购货方记账凭证

· 115 ·

转 账 凭 证

2019 年 4 月 30 日

总号	转
分号	18

摘要　摊销财产保险费

借 方 科 目			贷 方 科 目			金 额										
一级科目	二级或明细科目	✓	一级科目	二级或明细科目	✓	千	百	十	万	千	百	十	元	角	分
管理费用	财产保险费		预付账款							6	3	8	0	0	
合　计									￥	6	3	8	0	0	

附件 1 张

财务主管　　　　　记账　　　　　复核　张明　　　　　制单　彭博

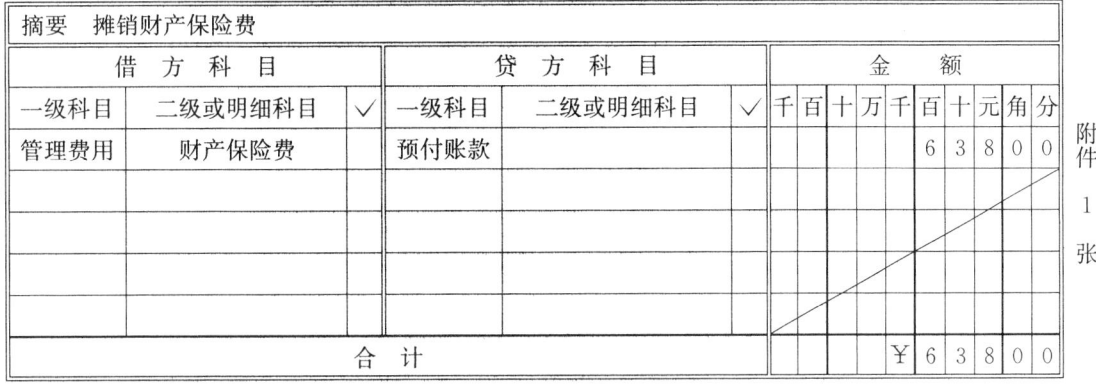

委托银行收款凭证（付款通知）

④ 专用

托收号码：
NO. 109742
021509788

委托日期　　　　2019 年 5 月 28 日

此联是付款单位开户银行给付款单位的付款通知

汇款人	全　称	上海立信制造有限公司	收款人	全　称	上海市电力供应公司营业所										
	账　号	0224014210003388		账　号	261－01684096									
	开户银行	中国民生银行西南支行		开户银行	工行徐汇支行营业部									
金　额		人民币（大写）伍仟肆佰捌拾元整			万	千	百	十	万	千	百	十	元	角	分
									￥	5	4	8	0	0	0
结算原因		电费	合同号码		108636 附寄单证张数									

会计分录
（　　）-----------
　　　　对方科目（　　）-----------

会计　　　出纳　　　复核　　　记账

上列款项已根据受款单位委托从你单位账户付出：

中国工商银行上海市分行
徐汇支行业务章 2019.5.28

（付款单位开户银行盖章）

电费分配计算表

2019 年 5 月

部　门	应借科目	分配比例	金　额
生产车间	制造费用	70％	3 836.00
行政管理部门	管理费用	30％	1 644.00
合　计			5 480.00

复核：张明　　　　　　　　　　制单：彭博

固定资产折旧计算表

2019 年 5 月

使用部门	上月折旧额	上月增加固定资产增加折旧额	上月减少固定资产减少折旧额	本月折旧额
生产车间	9 650.00	1 280.00	846.00	10 084.00
行政管理部门	5 093.00		1 050.00	4 043.00
合　计	14 743.00	1 280.00	1 896.00	14 127.00

会计主管：　　　　　记账：　　　　　复核：张明　　　　　制单：彭博

付　款　凭　证

年　　月　　日

总号	
分号	

贷方科目

摘　　要	应借科目		√	金　额										附件
	一级科目	二级或明细科目		千	百	十	万	千	百	十	元	角	分	
														张
合　　计														

财务主管　　　　　记账　　　　　出纳　　　　　复核　　　　　制单

付 款 凭 证

年　月　日

总号	
分号	

贷方科目

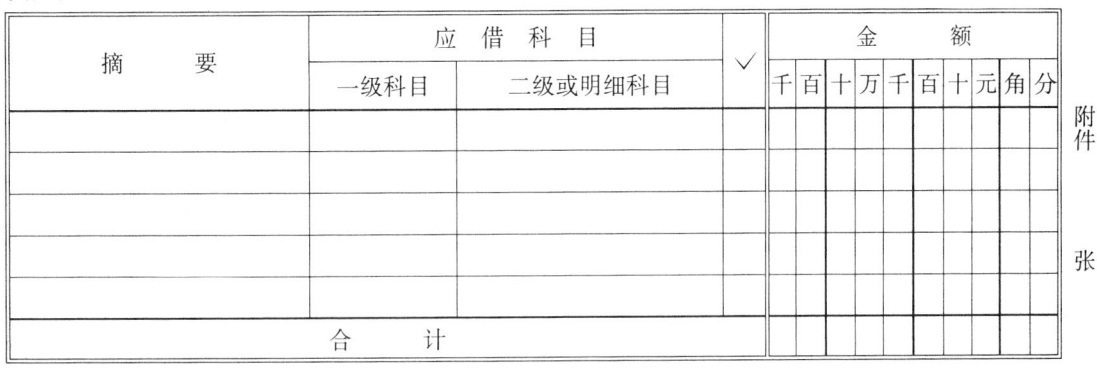

摘　　要	应 借 科 目		✓	金　额										附件
	一级科目	二级或明细科目		千	百	十	万	千	百	十	元	角	分	
														张
合　　计														

财务主管　　　　　记账　　　　　出纳　　　　　复核　　　　　制单

付 款 凭 证

年　月　日

总号	
分号	

贷方科目

摘　　要	应 借 科 目		✓	金　额										附件
	一级科目	二级或明细科目		千	百	十	万	千	百	十	元	角	分	
														张
合　　计														

财务主管　　　　　记账　　　　　出纳　　　　　复核　　　　　制单

转 账 凭 证

年　月　日

总号	
分号	

摘要																	附件
借 方 科 目			贷 方 科 目			金　额												
一级科目	二级或明细科目	✓	一级科目	二级或明细科目	✓	千	百	十	万	千	百	十	元	角	分		
																	张
合　　计																	

财务主管　　　　　记账　　　　　复核　　　　　制单

转 账 凭 证

年　　月　　日

	总号	
	分号	

摘要

借 方 科 目			贷 方 科 目			金 额									
一级科目	二级或明细科目	✓	一级科目	二级或明细科目	✓	千	百	十	万	千	百	十	元	角	分
合　计															

附件　　张

财务主管　　　　　　　记账　　　　　　　复核　　　　　　　制单

转 账 凭 证

年　　月　　日

	总号	
	分号	

摘要

借 方 科 目			贷 方 科 目			金 额									
一级科目	二级或明细科目	✓	一级科目	二级或明细科目	✓	千	百	十	万	千	百	十	元	角	分
合　计															

附件　　张

财务主管　　　　　　　记账　　　　　　　复核　　　　　　　制单

管理费用总分类账

年		凭证		摘要	对应科目	借方										贷方										借/贷	余额									
月	日	种类	号数			亿	千	百	十	万	千	百	十	元	角	分	亿	千	百	十	万	千	百	十	元	角	分		亿	千	百	十	万	千	百	十	元	角	分

管理费用明细分类账

年		凭证		摘要	亿千百十万千百十元角分	亿千百十万千百十元角分	亿千百十万千百十元角分	亿千百十万千百十元角分	亿千百十万千百十元角分	亿千百十万千百十元角分	亿千百十万千百十元角分
月	日	种类	号数								

实训七 错 账 更 正

一、实验目的

掌握错账更正方法。

二、实验资料

上海立信制造有限公司 2019 年 5 月有关资料如下：

1. 经济业务

2. 记账凭证

3. 银行存款总分类账

4. 预付账款总分类账

5. 合同负债总分类账

6. 主营业务收入总分类账

7. 管理费用总分类账

三、实验要求

1. 查找账簿记录错误

2. 选用合适的错账更正方法更正错账

上海立信制造有限公司为增值税一般纳税企业,2019 年 5 月部分经济业务如下:

(1) 8 日,预收华阳公司货款 50 000 元,支票存入银行。

(2) 18 日,销售给华阳公司产品一批,价款 60 000 元,增值税额 7 800 元,已预收货款 50 000元,不足部分收到支票一张,已经存入银行。

(3) 20 日,签发转账支票支付下半年度财产保险费 6 168 元。

(4) 31 日,摊销应由本月负担的财产保险费 1 028 元。

(5) 31 日,通过银行转账支付行政管理部门本月办公用房屋租金 1 520 元。

根据上述经济业务编制记账凭证如下:

收 款 凭 证

2019 年 5 月 8 日

总号	银收
分号	1

借方科目　　　　银行存款

摘　　要	应　贷　科　目		√	金　　额									
	一级科目	二级或明细科目		千	百	十	万	千	百	十	元	角	分
预收华阳公司货款	合同负债	华阳公司					5	0	0	0	0	0	0
合　　计							¥	5	0	0	0	0	0	0

财务主管　　　　记账　　　　出纳　许芳　　　　复核　张明　　　　制单　许芳

转 账 凭 证

2019 年 5 月 18 日

总号	转
分号	1

摘要　销售产品

借　方　科　目		√	贷　方　科　目		√	金　　额									
一级科目	二级或明细科目		一级科目	二级或明细科目		千	百	十	万	千	百	十	元	角	分
合同负债	华阳公司		主营业务收入					6	7	8	0	0	0	0	0
合　　计								¥	6	7	8	0	0	0	0	0

财务主管　　　　记账　　　　复核　张明　　　　制单　彭博

收 款 凭 证

2019 年 5 月 18 日

总号	银收
分号	2

借方科目　　　　银行存款

摘　　要	应　贷　科　目		√	金　　额									
	一级科目	二级或明细科目		千	百	十	万	千	百	十	元	角	分
华阳公司补付货款	合同负债	华阳公司					1	7	8	0	0	0	0	0
合　　计								¥	1	7	8	0	0	0	0	0

财务主管　　　　记账　　　　出纳　许芳　　　　复核　张明　　　　制单　许芳

付 款 凭 证

2019 年 5 月 20 日

总号	银付
分号	1

贷方科目　　银行存款

摘　　要	应 借 科 目		√	金　　额									
	一级科目	二级或明细科目		千	百	十	万	千	百	十	元	角	分
支付下半年度财产保险费	管理费用							6	1	6	8	0	0
合　　计							¥	6	1	6	8	0	0

附件 2 张

财务主管　　　记账　　　出纳　许芳　　　复核　张明　　　制单　许芳

转 账 凭 证

2019 年 5 月 31 日

总号	转
分号	2

摘要　摊销财产保险费

借 方 科 目		√	贷 方 科 目		√	金　　额								
一级科目	二级或明细科目		一级科目	二级或明细科目		千	百	十	万	千	百	十	元	角	分
管理费用	财产保险费		预付账款							1	0	8	2	0	0
合　　计									¥	1	0	8	2	0	0

附件 1 张

财务主管　　　　　记账　　　　　复核　张明　　　　　制单　彭博

付 款 凭 证

2019 年 5 月 31 日

总号	银付
分号	2

贷方科目　　银行存款

摘　　要	应 借 科 目		√	金　　额									
	一级科目	二级或明细科目		千	百	十	万	千	百	十	元	角	分
支付本月管理部门办公用房屋租金	管理费用							1	5	2	0	0	0
合　　计							¥	1	5	2	0	0	0

附件 1 张

财务主管　　　记账　　　出纳　许芳　　　复核　张明　　　制单　许芳

银行存款总账

| 2019年 | | 凭证 | | 摘要 | 对应科目 | 借方 | | | | | | | | | | | 贷方 | | | | | | | | | | | 借或贷 | 余额 | | | | | | | | | | |
月	日	种类	号数			亿	千	百	十	万	千	百	十	元	角	分	亿	千	百	十	万	千	百	十	元	角	分		亿	千	百	十	万	千	百	十	元	角	分
5	1			月初余额																								借				1	2	8	1	5	2	3	8
	8	银收	1	预收华阳公司货款	合同负债						5	0	0	0	0	0												借				1	3	3	1	5	2	3	8
	18	银收	2	华阳公司补付货款	合同负债					1	7	8	0	0	0	0												借				1	5	0	9	5	2	3	8
	20	银付	1	支付下半年财产保险费	管理费用																	6	1	6	8	0	0	借				1	4	4	7	8	4	3	8
	31	银付	2	支付本月办公用房屋租金	管理费用																	1	2	5	0	0	0	借				1	4	3	5	3	4	3	8

预付账款总账

2019年		凭证		摘要	对应科目	借方 (亿千百十万千百十元角分)	贷方 (亿千百十万千百十元角分)	借/贷	余额 (亿千百十万千百十元角分)
月	日	种类	号数						
5	1			月初余额				借	2 0 5 6 0 0
	31	转	2	摊销财产保险费	管理费用		1 0 8 2 0 0	借	9 7 4 0 0

合同负债总账

2019年 月	日	凭证 种类	号数	摘要	对应科目	借方 亿	千	百	十	万	千	百	十	元	角	分	贷方 亿	千	百	十	万	千	百	十	元	角	分	借/贷	余额 亿	千	百	十	万	千	百	十	元	角	分
5	8	银收	1	预收华阳公司货款	银行存款																5	0	0	0	0	0	0	贷					5	0	0	0	0	0	0
	18	转	1	销售产品	主营业务收入				6	7	8	0	0	0	0	0												借			6	2	8	0	0	0	0	0
	18	银收	2	华阳公司补付货款	银行存款															1	7	8	0	0	0	0	0	借			4	5	0	0	0	0	0	0

主营业务收入

2019年		凭证		摘要	对应科目	借方 亿千百十万千百十元角分	贷方 亿千百十万千百十元角分	借/贷	余额 亿千百十万千百十元角分
月	日	种类	号数						
5	18	转	1	销售产品	合同负债		6 7 8 0 0 0 0 0	贷	6 7 8 0 0 0 0 0

管理费用总账

2019年		凭证		摘要	对应科目	借方											贷方											借或贷	余额										
月	日	种类	号数			亿	千	百	十	万	千	百	十	元	角	分	亿	千	百	十	万	千	百	十	元	角	分		亿	千	百	十	万	千	百	十	元	角	分
5	20	银付	1	支付下半年财产保险费	银行存款						6	1	6	8	0	0												借						6	1	6	8	0	0
	31	转	2	摊销财产保险费	预付账款					1	0	8	2	0	0													借						7	2	5	0	0	0
	31	银付	2	支付本月管理部门电费	银行存款					1	5	2	0	0	0													借						8	7	7	0	0	0

年		凭 证		摘 要	对应科目	借 方											贷 方											借/贷	余 额											
月	日	种类	号数			亿	千	百	十	万	千	百	十	元	角	分	亿	千	百	十	万	千	百	十	元	角	分		亿	千	百	十	万	千	百	十	元	角	分

收 款 凭 证

年　　月　　日

总号	
分号	

借方科目

摘　　要	应 贷 科 目		√	金　　额									
	一级科目	二级或明细科目		千	百	十	万	千	百	十	元	角	分
合　　计													

附件　　　张

财务主管　　　　　记账　　　　　出纳　　　　　复核　　　　　制单

收 款 凭 证

年　　月　　日

总号	
分号	

借方科目

摘　　要	应 贷 科 目		√	金　　额									
	一级科目	二级或明细科目		千	百	十	万	千	百	十	元	角	分
合　　计													

附件　　　张

财务主管　　　　　记账　　　　　出纳　　　　　复核　　　　　制单

付 款 凭 证

年　　月　　日

总号	
分号	

贷方科目

摘　　要	应 借 科 目		√	金　　额									
	一级科目	二级或明细科目		千	百	十	万	千	百	十	元	角	分
合　　计													

附件　　　张

财务主管　　　　　记账　　　　　出纳　　　　　复核　　　　　制单

付 款 凭 证

年　月　日

总号	
分号	

贷方科目

摘　　要	应 借 科 目		√	金　　额									
	一级科目	二级或明细科目		千	百	十	万	千	百	十	元	角	分
合　　计													

附件　张

财务主管　　　　　　记账　　　　　　出纳　　　　　　复核　　　　　　制单

付 款 凭 证

年　月　日

总号	
分号	

贷方科目

摘　　要	应 借 科 目		√	金　　额									
	一级科目	二级或明细科目		千	百	十	万	千	百	十	元	角	分
合　　计													

附件　张

财务主管　　　　　　记账　　　　　　出纳　　　　　　复核　　　　　　制单

转 账 凭 证

年　月　日

总号	
分号	

摘要

借 方 科 目		√	贷 方 科 目		√	金　　额									
一级科目	二级或明细科目		一级科目	二级或明细科目		千	百	十	万	千	百	十	元	角	分
合　　计														

附件　张

财务主管　　　　　　记账　　　　　　复核　　　　　　制单

转 账 凭 证

年　　月　　日

总号	
分号	

摘要															
借 方 科 目			贷 方 科 目			金 额									
一级科目	二级或明细科目	√	一级科目	二级或明细科目	√	千	百	十	万	千	百	十	元	角	分
合　计															

附件　　　张

财务主管　　　　　　记账　　　　　　复核　　　　　　制单

转 账 凭 证

年　　月　　日

总号	
分号	

摘要															
借 方 科 目			贷 方 科 目			金 额									
一级科目	二级或明细科目	√	一级科目	二级或明细科目	√	千	百	十	万	千	百	十	元	角	分
合　计															

附件　　　张

财务主管　　　　　　记账　　　　　　复核　　　　　　制单

实训八　原材料清查

一、实验目的

掌握原材料清查。

二、实验资料

上海立信制造有限公司 2019 年 12 月有关原材料清查资料如下：

1. 盘存单
2. 氧化铝原材料明细账
3. 电解铜原材料明细账
4. PVCSG2 原材料明细账

三、实验要求

1. 核对盘存单和原材料明细账，填制实存账存对比表
2. 根据实存账存对比表编制记账凭证

盘 存 单

2019 年 12 月 31 日

财产类别：原材料   存放地点：材料仓库

编　号	名　称	计量单位	实存数量	单　价	金　额	备　注
YHL4866	氧化铝	吨	22.1	2 750.00	60 775.00	
DJT5001	电解铜	吨	4.8	62 500.00	300 000.00	
PVC201	PVCSG2	吨	25.7	9 000.00	231 300.00	

盘点人：李林荫   实物保管人：张婷

原材料明细账

最高存量　　　　　　　　　　　名称　氧化铝
最低存量　　　　　　　　　　　规格　　　　类别
储备天数　　　　　　　　　　　计量单位　吨
存放地点

2019年		凭证		摘要	收入		金额	发出		金额	结存		金额
月	日	种类	号数		数量	单价	百十万千百十元角分	数量	单价	百十万千百十元角分	数量	单价	百十万千百十元角分
12	1			月初余额							2	2 750	5 5 0 0 0 0 0
	8	收	5069	外购材料验收入库	25	2 750	6 8 7 5 0 0 0				27	2 750	7 4 2 5 0 0 0
	15	领	1022	生产塑料绝缘电线耗用				10	2 750	2 7 5 0 0 0 0	17	2 750	4 6 7 5 0 0 0
	24	领	1024	生产通用橡套电缆耗用				15	2 750	4 1 2 5 0 0 0	2	2 750	5 5 0 0 0 0
	31	收	5071	外购材料验收入库	20	2 750	5 5 0 0 0 0				22	2 750	6 0 5 0 0 0

原材料明细账

最高存量　最低存量　存放地点　储备天数　计量单位 吨　规格　名称 电解铜　类别

2019年 月	日	凭证 种类	凭证 号数	摘要	收入 数量	收入 单价	收入 金额	发出 数量	发出 单价	发出 金额	结存 数量	结存 单价	结存 金额
12	1			月初余额							8	62 500	500 000.00
	7	领	1022	生产塑料绝缘电线耗用				5	62 500	312 500.00	3	62 500	187 500.00
	19	收	5074	外购材料验收入库	12	62 500	750 000.00				15	62 500	937 500.00
	31	领	1025	生产通用橡套电缆耗用				10	62 500	625 000.00	5	62 500	312 500.00

原材料明细账

最高存量　　　　　　　　　　　　　　名称　PVCSG2

最低存量　储备天数　存放地点　计量单位　吨　规格　　类别

2019年		凭证		摘要	收入								发出								结存								
月	日	种类	号数		数量	单价	金额 百	十	万	千	百	十	元	角	分	数量	单价	金额 百	十	万	千	百	十	元	角	分	数量	单价	结存金额 百	十	万	千	百	十	元	角	分
12	1			月初余额																							10	9 000			9	0	0	0	0	0	0
	1	领	1021	生产塑料绝缘电线耗用												8	9 000			7	2	0	0	0	0	0	2	9 000		1	8	0	0	0	0	0
	5	收	5070	外购材料验收入库	20	9 000		1	8	0	0	0	0	0	0												22	9 000	1	9	8	0	0	0	0	0
	20	领	1025	生产通用橡套电缆耗用												15	9 000		1	3	5	0	0	0	0	0	7	9 000			6	3	0	0	0	0	0
	26	领	1027	生产塑料绝缘电线耗用												6.2	9 000			5	5	8	0	0	0	0	0.8	9 000				7	2	0	0	0	0
	31	收	5076	外购材料验收入库	25	9 000		2	2	5	0	0	0	0	0												25.8	9 000	2	3	2	2	0	0	0	0

实存账存对比表

年　月　日

编号	名称	计量单位	单价	实存		账存		差异				备注
								盘盈		盘亏		
				数量	金额	数量	金额	数量	金额	数量	金额	

主管人员：　　　　　　　　　　　　会计：　　　　　　　　　　　　制表：

转 账 凭 证

年　月　日

总号
分号

摘要

借 方 科 目			贷 方 科 目			金　额										附件
一级科目	二级或明细科目	√	一级科目	二级或明细科目	√	千	百	十	万	千	百	十	元	角	分
															张
合　计															

财务主管　　　　　　记账　　　　　　复核　　　　　　制单

转 账 凭 证

年　月　日

总号
分号

摘要

借 方 科 目			贷 方 科 目			金　额										附件
一级科目	二级或明细科目	√	一级科目	二级或明细科目	√	千	百	十	万	千	百	十	元	角	分
															张
合　计															

财务主管　　　　　　记账　　　　　　复核　　　　　　制单

转 账 凭 证

年　　月　　日

总号	
分号	

摘要															

借　方　科　目			贷　方　科　目			金　额									
一级科目	二级或明细科目	√	一级科目	二级或明细科目	√	千	百	十	万	千	百	十	元	角	分
合　计															

附件　　　张

财务主管　　　　　　记账　　　　　　复核　　　　　　制单

实训九　银行存款清查

一、实验目的

掌握银行存款的清查。

二、实验资料

上海立信制造有限公司 2019 年 12 月有关资料如下：

1. 银行存款对账单

2. 银行存款日记账

三、实验要求

1. 逐笔勾对银行存款日记账和银行存款对账单，查出未达账项

2. 编制银行存款余额调节表

中国民生银行对公分户账对账单

账号　02240142100003388
名称　上海立信制造有限公司

日 期	摘 要	凭证种类	凭证序号	借方发生额	贷方发生额	余 额	操作柜员	流水号
	承前页					2 116 185.71	90031	00125
20191201	货 款	贷记凭证	03293568	153 652.00		1 962 533.71	90142	00154
20191203	货 款				58 600.00	2 021 133.71	90321	00129
20191206	货 款	普通支票	30503110	3 250.00		2 017 883.71	90131	00123
20191207	代缴社保金	贷记凭证	03293569	81 253.80		1 936 629.91	90203	00321
20191207	代缴公积金	贷记凭证	03293570	25 854.00		1 910 775.91	90203	00322
20191207	电费上海同城	贷记凭证	03293571	45 735.68		1 865 040.23	90203	00341
20191210	销售款				113 000.00	1 978 040.23	90012	00238
20191213	备用金	普通支票	30503111	5 000.00		1 973 040.23	90021	00431
20191214	上海同城	贷记凭证	03293572	67 800.00		1 905 240.23	90032	00410
20191216	存 款				5 800.00	1 911 040.23	90048	00250
20191217	备用金	普通支票	30503112	10 000.00		1 901 040.23	90038	00188
20191220	差旅费	普通支票	30503113	10 000.00		1 891 040.23	90031	00651
20191221	利 息				878.56	1 891 918.79	90035	00230
20191222	材料款	贷记凭证	03293573	124 300.00		1 767 618.79	90032	00118
20191231	电话费	委托收款	154891	3 247.39		1 764 371.40	90282	00438
20191231	水 费	委托收款	286570	1 860.08		1 762 511.32	90282	00628
20191231	货 款	委托收款	458769	100 000.00		1 662 511.32	90282	00610

银行存款日记账

2019年 月	日	凭证号数	对应科目	摘要	借方（收入）	贷方（付出）	结存
12	1			月初余额			2 116 185.71
	1	银付1	应付账款	支付新联公司货款		153 652.00	1 962 533.71
	3	银收1	合同负债	预收华阳公司货款	58 600.00		2 021 133.71
	5	银付2	管理费用	支付业务招待费		3 250.00	2 017 883.71
	7	银付3	应付职工薪酬	支付社保金		81 259.80	1 936 623.91
	7	银付3	应付职工薪酬	支付公积金		25 848.00	1 910 775.91
	7	银付4	应付账款	支付电费		45 735.68	1 865 040.23
	10	银收2	主营业务收入	销售	100 000.00		1 965 040.23
	10	银收3	应交税费	销项税额	13 000.00		1 978 040.23
	13	银付5	库存现金	提备用金		5 000.00	1 973 040.23
	14	银付6	原材料	购料		60 000.00	1 913 040.23
	14	银付6	应交税费	进项税额		7 800.00	1 905 240.23
	16	现付3	库存现金	现金解行	5 800.00		1 911 040.23
	17	银付7	库存现金	提备用金		10 000.00	1 901 040.23
	20	银付8	库存现金	提备用金		10 000.00	1 891 040.23
	22	银付9	原材料	购料		110 000.00	1 781 040.23
	22	银付9	应交税费	进项税额		14 000.00	1 767 040.23
	23	银收5	财务费用	利息收入	578.56		1 767 618.79
	30	银付10	管理费用	业务招待费		1 800.00	1 765 818.79
	31	银付11	应付账款	支付新联公司货款		58 500.00	1 707 318.79
	31			本月合计	177 978.56	586 845.48	1 707 318.79

银行存款余额调节表

年　月　日

单位：元

项　　目	金　额	项　　目	金　额
企业银行存款账面余额		银行对账单账面余额	
调节后存款余额		调节后存款余额	

复核：　　　　　　　　　　　　制单：

实训十　科目汇总表编制

一、实验目的

掌握科目汇总表的编制。

二、实验资料

上海立信制造有限公司 2019 年 1 月记账凭证(见实训三)。

三、实验要求

1. 根据 1～15 日记账凭证编制科目汇总表

2. 根据 16～31 日记账凭证编制科目汇总表

科 目 汇 总 表

年　月

会计科目	记　账	本期发生额		记账凭证起讫号数
		借　方	贷　方	

科 目 汇 总 表

年　月

会计科目	记　账	本期发生额		记账凭证起讫号数
		借　方	贷　方	

实训十一　财务报表编制

一、实验目的

掌握财务报表的编制。

二、实验资料

上海立信制造有限公司 2019 年 1 月有关资料如下：

1. 总分类账户和明细分类账户月初余额
2. 记账凭证（见实训三）
3. 科目汇总表（见实训十）

三、实验要求

1. 根据总分类账户余额资料开设账户并登记期初余额
2. 根据明细分类账户余额开设"应付账款"明细分类账户并登记期初余额
3. 根据记账凭证登记"应付账款"明细分类账户并结账
4. 根据科目汇总表登记总分类账户并结账
5. 根据账簿记录编制资产负债表和利润表

总分类账户及明细分类账户余额

2019 年 1 月 1 日

总账科目	明细科目	余 额	
		借 方	贷 方
库存现金		456	
银行存款		108 400	
交易性金融资产		650 000	
应收票据		158 000	
应收账款		300 000	
	瑞安公司	300 000	
原材料		354 000	
	电解铜	125 000	
	氧化铝	137 500	
	PVC	90 000	
	辅助材料	1 500	
库存商品		1 061 000	
	塑料绝缘电线	468 000	
	通用橡套电缆	593 000	
长期股权投资		500 000	
固定资产		7 800 000	
累计折旧			466 556
短期借款			200 000
应付票据			150 000
应付账款		20 000	
	华夏公司	20 000	
应交税费			205 738
实收资本			5 000 000
资本公积			880 000
盈余公积			590 000
利润分配			3 459 562
合 计		10 951 856	10 951 856

年		凭证		摘要	对应科目	借方											贷方											借/贷	余额										
月	日	种类	号数			亿	千	百	十	万	千	百	十	元	角	分	亿	千	百	十	万	千	百	十	元	角	分		亿	千	百	十	万	千	百	十	元	角	分

年		凭证		摘要	对应科目	借方											贷方											借/贷	余额										
月	日	种类	号数			亿	千	百	十	万	千	百	十	元	角	分	亿	千	百	十	万	千	百	十	元	角	分		亿	千	百	十	万	千	百	十	元	角	分

年		凭证		摘要	对应科目	借方										贷方										借/贷	余额									
月	日	种类	号数			亿	千	百	十	万	千	百	十	元	角	分	亿	千	百	十	万	千	百	十	元	角	分		亿	千	百	十	万	千	百	十	元	角	分

年		凭证		摘要	对应科目	借方										贷方										借/贷	余额									
月	日	种类	号数			亿	千	百	十	万	千	百	十	元	角	分	亿	千	百	十	万	千	百	十	元	角	分		亿	千	百	十	万	千	百	十	元	角	分

年		凭证		摘要	对应科目	借											方	贷											方	借/贷	余											额
月	日	种类	号数			亿	千	百	十	万	千	百	十	元	角	分		亿	千	百	十	万	千	百	十	元	角	分			亿	千	百	十	万	千	百	十	元	角	分

年		凭证		摘要	对应科目	借											方	贷											方	借/贷	余											额
月	日	种类	号数			亿	千	百	十	万	千	百	十	元	角	分		亿	千	百	十	万	千	百	十	元	角	分			亿	千	百	十	万	千	百	十	元	角	分

年		凭证		摘要	对应科目	借方											贷方											借/贷	余额										
月	日	种类	号数			亿	千	百	十	万	千	百	十	元	角	分	亿	千	百	十	万	千	百	十	元	角	分		亿	千	百	十	万	千	百	十	元	角	分

年		凭证		摘要	对应科目	借方											贷方											借/贷	余额										
月	日	种类	号数			亿	千	百	十	万	千	百	十	元	角	分	亿	千	百	十	万	千	百	十	元	角	分		亿	千	百	十	万	千	百	十	元	角	分

年		凭证		摘要	对应科目	借方											贷方											借/贷	余额										
月	日	种类	号数			亿	千	百	十	万	千	百	十	元	角	分	亿	千	百	十	万	千	百	十	元	角	分		亿	千	百	十	万	千	百	十	元	角	分

年		凭证		摘要	对应科目	借方											贷方											借/贷	余额										
月	日	种类	号数			亿	千	百	十	万	千	百	十	元	角	分	亿	千	百	十	万	千	百	十	元	角	分		亿	千	百	十	万	千	百	十	元	角	分

年		凭证		摘 要	对应科目	借　　　　方										贷　　　　方										借/贷	余　　　　额									
月	日	种类	号数			亿	千	百	十	万	千	百	十	元	角	分	亿	千	百	十	万	千	百	十	元	角	分	亿	千	百	十	万	千	百	十	元	角	分

年		凭证		摘 要	对应科目	借　　　　方										贷　　　　方										借/贷	余　　　　额									
月	日	种类	号数			亿	千	百	十	万	千	百	十	元	角	分	亿	千	百	十	万	千	百	十	元	角	分	亿	千	百	十	万	千	百	十	元	角	分

年	凭证		摘要	对应科目	借方											贷方										借/贷	余额									
月日	种类	号数			亿	千	百	十	万	千	百	十	元	角	分	亿	千	百	十	万	千	百	十	元	角	分		亿	千	百	十	万	千	百	十	元	角	分

年	凭证		摘要	对应科目	借方											贷方										借/贷	余额									
月日	种类	号数			亿	千	百	十	万	千	百	十	元	角	分	亿	千	百	十	万	千	百	十	元	角	分		亿	千	百	十	万	千	百	十	元	角	分

年		凭	证	摘 要	对应科目	借 方										贷 方										借/贷	余 额									
月	日	种类	号数			亿	千	百	十	万	千	百	十	元	角	分	亿	千	百	十	万	千	百	十	元	角	分	亿	千	百	十	万	千	百	十	元	角	分

年		凭	证	摘 要	对应科目	借 方										贷 方										借/贷	余 额									
月	日	种类	号数			亿	千	百	十	万	千	百	十	元	角	分	亿	千	百	十	万	千	百	十	元	角	分	亿	千	百	十	万	千	百	十	元	角	分

年		凭证		摘要	对应科目	借方											贷方											借/贷	余额										
月	日	种类	号数			亿	千	百	十	万	千	百	十	元	角	分	亿	千	百	十	万	千	百	十	元	角	分		亿	千	百	十	万	千	百	十	元	角	分

年		凭证		摘要	对应科目	借方											贷方											借/贷	余额										
月	日	种类	号数			亿	千	百	十	万	千	百	十	元	角	分	亿	千	百	十	万	千	百	十	元	角	分		亿	千	百	十	万	千	百	十	元	角	分

年		凭证		摘 要	对应科目	借 方											贷 方											借/贷	余 额										
月	日	种类	号数			亿	千	百	十	万	千	百	十	元	角	分	亿	千	百	十	万	千	百	十	元	角	分		亿	千	百	十	万	千	百	十	元	角	分

年		凭证		摘 要	对应科目	借 方											贷 方											借/贷	余 额										
月	日	种类	号数			亿	千	百	十	万	千	百	十	元	角	分	亿	千	百	十	万	千	百	十	元	角	分		亿	千	百	十	万	千	百	十	元	角	分

年		凭	证	摘	对应科目	借										方			贷										方			借/贷	余										额		
月	日	种类	号数	要		亿	千	百	十	万	千	百	十	元	角	分	√	亿	千	百	十	万	千	百	十	元	角	分	√		亿	千	百	十	万	千	百	十	元	角	分	√

年		凭	证	摘	对应科目	借										方			贷										方			借/贷	余										额		
月	日	种类	号数	要		亿	千	百	十	万	千	百	十	元	角	分	√	亿	千	百	十	万	千	百	十	元	角	分	√		亿	千	百	十	万	千	百	十	元	角	分	√

年		凭证		摘要	对应科目	借方										贷方										借/贷	余额									
月	日	种类	号数			亿	千	百	十	万	千	百	十	元	角	分	亿	千	百	十	万	千	百	十	元	角	分	亿	千	百	十	万	千	百	十	元	角	分

年		凭证		摘要	对应科目	借方										贷方										借/贷	余额									
月	日	种类	号数			亿	千	百	十	万	千	百	十	元	角	分	亿	千	百	十	万	千	百	十	元	角	分	亿	千	百	十	万	千	百	十	元	角	分

年		凭 证		摘 要	对应科目	借 方										贷 方										借/贷	余 额									
月	日	种类	号数			亿	千	百	十	万	千	百	十	元	角	分	亿	千	百	十	万	千	百	十	元	角	分		亿	千	百	十	万	千	百	十	元	角	分

年		凭 证		摘 要	对应科目	借 方										贷 方										借/贷	余 额									
月	日	种类	号数			亿	千	百	十	万	千	百	十	元	角	分	亿	千	百	十	万	千	百	十	元	角	分		亿	千	百	十	万	千	百	十	元	角	分

年		凭证		摘要	对应科目	借 方												贷 方												借/贷	余 额										
月	日	种类	号数			亿	千	百	十	万	千	百	十	元	角	分	✓	亿	千	百	十	万	千	百	十	元	角	分	✓		亿	千	百	十	万	千	百	十	元	角	分	✓

资 产 负 债 表

会企 01 表

编制单位：　　　　　　　　　　年　月　日　　　　　　　　　　单位：元

资产	期末余额	上年年末余额	负债和所有者权益（或股东权益）	期末余额	上年年末余额
流动资产：			流动负债：		
货币资金			短期借款		
交易性金融资产			交易性金融负债		
衍生金融资产			衍生金融负债		
应收票据			应付票据		
应收账款			应付账款		
应收款项融资			预收款项		
预付款项			合同负债		
其他应收款			应付职工薪酬		
存货			应交税费		
合同资产			其他应付款		
持有待售资产			持有待售负债		
一年内到期的非流动资产			一年内到期的非流动负债		
其他流动资产			其他流动负债		
流动资产合计			流动负债合计		
非流动资产：			非流动负债：		
债权投资			长期借款		
其他债权投资			应付债券		
长期应收款			其中：优先股		
长期股权投资			永续债		
其他权益工具投资			租赁负债		
其他非流动金融资产			长期应付款		
投资性房地产			预计负债		

资产	期末余额	上年年末余额	负债和所有者权益（或股东权益）	期末余额	上年年末余额
固定资产			递延收益		
在建工程			递延所得税负债		
生产性生物资产			其他非流动负债		
油气资产					
使用权资产			非流动负债合计		
使用权资产			负债合计		
无形资产			所有者权益（或股东权益）：		
开发支出			实收资本（或股本）		
商誉			其他权益工具		
长期待摊费用			其中:优先股		
递延所得税资产			永续债		
其他非流动资产			资本公积		
非流动资产合计			减:库存股		
			其他综合收益		
			专项准备		
			盈余公积		
			未分配利润		
			所有者权益（或股东权益）合计		
资产总计			负债和所有者权益（或股东权益）总计		

利　润　表

会企 02 表

编制单位：　　　　　　　　　　　年　月　　　　　　　　　　　　　　单位：元

项　目	本期金额	上期金额
一、营业收入		
减：营业成本		
税金及附加		
销售费用		
管理费用		
研发费用		
财务费用		
加：其他收益		
投资收益（损失以"－"号填列）		
以摊余成本计量的金融资产终止确认收益（损失以"－"号填列）		
公允价值变动收益（损失以"－"号填列）		
资产减值损失（损失以"－"号填列）		
信用减值损失（损失以"－"号填列）		
资产处置收益（损失以"－"号填列）		
二、营业利润（亏损以"－"号填列）		
加：营业外收入		
减：营业外支出		
三、利润总额（亏损总额以"－"号填列）		
减：所得税费用		
四、净利润（净亏损以"－"号填列）		
（一）持续经营净利润（净亏损以"－"号填列）		
（二）终止经营净利润（净亏损以"－"号填列）		
五、其他综合收益的税后净额		
（一）不能重分类进损益的其他综合收益		
（二）将重分类进损益的其他综合收益		
六、综合收益总额		
七、每股收益：		
（一）基本每股收益		
（二）稀释每股收益		

实训十二 会 计 循 环

一、实验目的

通过本次实验操练，使学生掌握建账、原始凭证的填制审核、记账凭证的填制审核、账簿的登记、期末对账结账、财务报表编制等会计核算的全过程，提高学生的综合实践操作能力，实现理论与实践的融会贯通。

二、实验资料

（一）实习企业概况

企业名称：上海立信食品有限公司

地址：上海市园林路 1888 号

邮政编码：200812

电话：（021）68506868

纳税人登记号：310106007898565

开户银行账号：工商银行上海分行徐汇支行 216 - 86389768

总经理：施学伟

财务经理：钱茜

会计（制单）：施惠丽

会计（记账）：秦丽娟

会计（复核）：方健

出纳：施兵

其他财务人员：操作者

材料仓库保管员：赵明

成品仓库保管员：王芳

注：财务工作除指定专人负责外，其他工作由操作者本人承担并完成后签字。

（二）实习所需印章

上海立信食品有限公司 财务专用章	伟施 印学	上海立信食品有限公司 发票专用章
钱 茜　　秦丽娟	方 健	施 兵

（三）产品名称

"康泰"杏仁饼干

"康泰"提子饼干

（四）账务处理程序

该公司采用记账凭证账务处理程序。

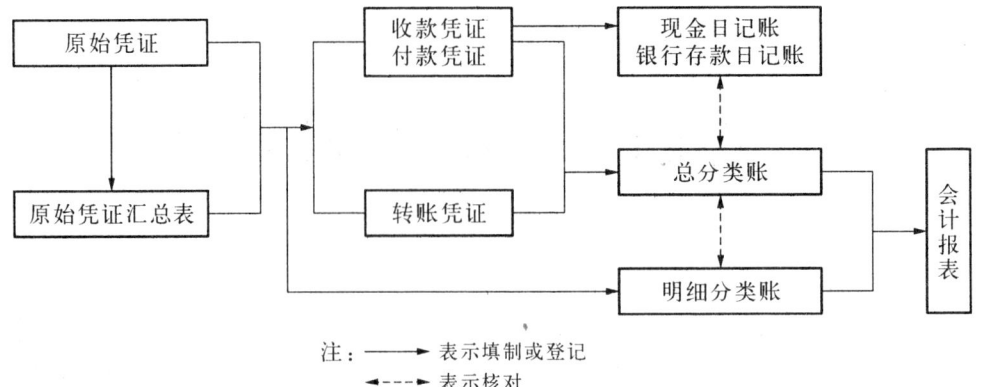

注：——▶ 表示填制或登记
◀----▶ 表示核对

（五）2019 年 12 月初账户余额

（六）2019 年 12 月发生的经济业务

（七）记录及证明经济业务发生的原始凭证

（八）空白记账凭证（另配）

1. 收款凭证（3 张）

2. 付款凭证（11 张）

3. 转账凭证（23 张）

（九）空白账页（另配）

1. 三栏式日记账账页（2 张）

2. 三栏式明细账页（4 张）

3. 数量金额式账页（5 张）

4. 多栏式明细账页（4 张）

5. 三栏式总账账页（33 张）

（十）试算平衡表

（十一）财务报表

1. 资产负债表

2. 利润表

三、实验要求

（一）建账

1. 开设账户并登记期初余额

根据"2019 年 12 月 1 日账户余额表"开设总分类账、明细分类账、现金日记账、银行存款日记账，并登记期初余额。

2. 编制期初余额试算平衡表

（二）会计凭证的填制和审核

1. 原始凭证的填制和审核

根据 12 月份发生的经济业务，按照原始凭证的填制规范和审核要求，填制并审核原始凭证。

2. 记账凭证的填制和审核

根据审核无误的原始凭证或原始凭证汇总表填制记账凭证并审核。

记账凭证种类及编号如下：

现金收款凭证：　　　　现收1、现收2、现收3、现收4……

现金付款凭证：　　　　现付1、现付2、现付3、现付4……

银行存款收款凭证：银收1、银收2、银收3、银收4……

银行存款付款凭证：银付1、银付2、银付3、银付4……

转账凭证：　　　　　　转1、转2、转3、转4……

对于现金和银行存款之间的收付业务，只编制付款凭证。

（三）登记账簿、对账、结账

1. 登记现金日记账和银行存款日记账

根据审核无误的收款凭证和付款凭证登记现金日记账和银行存款日记账。

2. 登记明细分类账

根据审核无误的原始凭证、原始凭证汇总表、记账凭证登记应收账款、应付账款、原材料、制造费用、生产成本、库存商品、管理费用明细账。

"制造费用"明细项目

项　　目	职工薪酬	折旧费	水电费	劳动保护费	其　他

"生产成本"明细项目

项　　目	直接材料	直接人工	制造费用

"管理费用"明细项目

项　　目	职工薪酬	折旧费	水电费	财产保险费	差旅费	其　他

3. 登记总分类账

根据审核无误的记账凭证登记总分类账。

4. 对账并结账

（1）根据总分类账记录编制试算平衡表；

（2）总分类账和日记账核对；

（3）总分类账和所属明细分类账核对；

（4）结算各总分类账、明细分类账、日记账本期发生额及期末余额。

（四）编制财务报表

根据总分类账和明细分类账记录编制资产负债表和利润表。

2019 年 12 月 1 日账户余额表

总分类账科目	明细分类账科目	金　　额	账　页　格　式
库存现金		3 180.00	三栏式总账、日记账
银行存款		682 490.00	三栏式总账
	工商银行	573 769.00	日记账
	社保基金专户	108 721.00	（略）
应收账款		257 580.00	三栏式总账
	兴隆食品批发有限公司	166 320.00	三栏式明细账
	光明食品批发有限公司	91 260.00	三栏式明细账
其他应收款		3 000.00	三栏式总账
	唐舒	3 000.00	（略）
原材料		26 745.00	三栏式总账
	"闵康"牌食品专用面粉	（160 千克）464.00	数量金额式明细账
	核桃仁	（510 千克）14 280.00	数量金额式明细账
	提子	（390 千克）4 680.00	数量金额式明细账
	辅助材料	7 321.00	（略）
预付账款		3 334.00	三栏式总账
	劳动保护费	1 524.00	（略）
	财产保险费	1 810.00	（略）
库存商品		101 050.00	三栏式总账
	核桃饼干	（3 700 千克）59 200.00	数量金额式明细账
	提子饼干	（3 100 千克）41 850.00	数量金额式明细账
固定资产		5 062 821.00	三栏式总账
累计折旧		1 578 909.00	三栏式总账
应付账款		21 060.00	三栏式总账
	上海副食品批发公司	21 060.00	三栏式明细账
短期借款		300 000.00	三栏式总账
应交税费		46 935.46	三栏式总账
	未交增值税	42 668.60	三栏式明细账
	应交城市维护建设税	2 986.80	（略）
	应交教育费附加	1 280.06	（略）
	应交个人所得税	432.00	（略）
应付利息		4 000.00	三栏式总账
实收资本		2 000 000.00	三栏式总账
盈余公积		875 128.00	三栏式总账
利润分配		360 432.04	三栏式总账
	未分配利润	360 432.04	（略）
本年利润		953 735.50	三栏式总账

2019 年 12 月发生的经济业务

(1) 1 日,收到兴隆食品批发有限公司交来一张金额为 166 320 元的支票,系支付上月购货款。财务科当即存入工商银行(兴隆食品批发有限公司开户银行及账号:中行闵行分行 368859866)。

要求:① 填制收据;

② 填制进账单。

(2) 1 日,向上海闵行面粉有限公司购买"闵康"牌食品专用面粉 4 600 千克,增值税专用发票列明价款为 13 340 元,税额为 1 734.20 元,签发工商银行支票一张支付货款。面粉已于当日运达,由仓库验收。

要求:签发支票。

(3) 3 日,签发工商银行支票一张,提取现金 5 000 元备用。

要求:签发支票。

(4) 5 日,根据"工资结算汇总表"签发支票一张,金额为 42 695.80 元,委托工商银行徐汇支行办理代发工资转存信用卡业务,发放工资 42 676 元,并支付银行手续费 19.80 元,工资发放清单以软盘形式送存银行并经银行审核。同时结转代扣款项。

要求:签发支票(收款人为本公司职工工资户)。

(5) 8 日,通过工商银行交纳上月应交未交增值税 42 668.60 元、城市维护建设税 2 986.80元和教育费附加 1 280.06 元,代交上月已代扣的个人所得税 432 元。当即收到各有关税金及附加缴款书收据联。

(6) 10 日,开给兴隆食品批发有限公司增值税专用发票,货已发出,款项尚未结算。

康泰核桃饼干	1 500 千克	价款	86 400 元	税额	11 232 元
康泰提子饼干	2 000 千克	价款	78 000 元	税额	10 140 元
			164 400 元		21 372 元

并以现金支付产品搬运费 490 元。

(7) 11 日,发现惠普手提电脑一台被窃,其账面原价 6 000 元,已计提折旧 4 900 元,系保管不善被盗。

要求:填制固定资产盘盈盘亏报告单。

(8) 15 日,销售科唐舒报销差旅费 3 650 元,出纳以现金补付预支款不足之差额。

要求:填制收款收据。

(9) 16 日,签发工商银行支票一张支付上海副食品批发公司货款 21 060 元。

要求:签发支票。

(10) 18 日,收到工商银行转来供电局专用托收凭证,付讫款项共计 3 164 元,按规定换取的增值税专用发票列明电费 2 800 元和税额 364 元。按固定比例分配:

生产车间用电　　　　85%

行政管理部门　　　　15%

要求:编制电费分配表。

(11) 20 日,收到工商银行转来自来水公司专用托收凭证,付讫款项共计 870 元。按固定比例分配:

生产车间用水　　　　80％

行政管理部门　　　　20％

　　要求：编制水费分配表。

　　(12) 23 日，开给光明食品批发有限公司增值税专用发票，货已发出。当即收到支票一张，存入工商银行徐汇支行(光明食品批发有限公司开户银行及账号：工行徐汇支行668978548)。

康泰核桃饼干　　　　2 000 千克　　　价款　　　115 200 元　　　税额　　　14 976 元

康泰提子饼干　　　　1 000 千克　　　价款　　　 39 000 元　　　税额　　　 5 070 元

　　　　　　　　　　　　　　　　　　　　　　　154 200 元　　　　　　　　20 046 元

　　要求：填制进账单。

　　(13) 25 日，经分管副经理审核批准，对被窃手提电脑的损失作转销处理。

　　(14) 28 日，向杭州副食品批发公司购买核桃仁 600 千克、提子 500 千克，增值税专用发票列明价款 23 580 元，税额为 3 065.40 元，款项通过银行以汇兑方式支付；货物尚未入库。

　　要求：填制信汇凭证。

　　(15) 30 日，收到杭州副食品批发公司发来货物，已由仓库验收。

　　(16) 31 日，根据本月领料单编制发料凭证汇总表，结转发出材料实际成本。

　　要求：编制发料凭证汇总表。

　　(17) 31 日，根据"工资结算汇总表"，分配结算本月应付职工工资 55 000 元，其中生产工人工资 27 000 元，车间管理人员工资 3 000 元，行政管理人员工资 25 000 元。

　　要求：填制应付工资分配计算表(按产品生产工时比例分配)。

　　(18) 31 日，根据"社会保险费分配计算表"，计提应由企业负担的社会保险费。

　　(19) 31 日，根据设备管理科提供的"固定资产折旧计算表"，计提本月固定资产折旧 11 888.98 元，其中生产车间 7 930 元，行政管理部门 3 958.98 元。

　　(20) 31 日，摊销应计入本月制造费用的劳动保护费 1 524 元，摊销应计入本月管理费用的保险费 1 810 元。

　　(21) 31 日，收到工商银行付款通知，结算本季度短期借款利息 7 021.72 元，从本公司账户中划转，上 2 个月已预提利息 4 000 元。

　　(22) 31 日，按产品生产工时分配结转制造费用。

　　要求：编制制造费用分配表。

　　(23) 31 日，本月投产的产品全部完工，计算并结转各种完工产成品成本。

　　(24) 31 日，根据本月"产品出库单"，汇总结转已销产品生产成本。

　　(25) 31 日，结算本月应交城市维护建设税 2 537.81 元、教育费附加 1 087.63 元。

　　(26) 31 日，按 25％所得税税率结算本月应缴所得税。

　　(27) 31 日，将损益类各账户余额转入"本年利润"账户。

　　(28) 31 日，按本年净利润的 10％提取盈余公积。

　　(29) 31 日，按出资比例向投资者分配利润 300 000 元。

　　(30) 31 日，将"本年利润"账户和"利润分配"有关明细账户的余额，转入"利润分配——未分配利润"账户。

记录及证明经济业务发生的原始凭证

经济业务(1-1)

中国银行上海市分行支票

支票号码：AT210906

签发日期(大写)：贰零壹柒年壹拾贰月零壹日

开户行名称：中行闵行分行

收款人：上海立信食品有限公司

签发人账号：368859866

人民币(大写)	壹拾陆万陆仟叁佰贰拾元整	千	百	十	万	千	百	十	元	角	分
		￥	1	6	6	3	2	0	0	0	0

用途：支付货款

上列款项请从

复核

我账户内支付

兴隆食品批发有限公司财务专用章

峰潘印恒

记账

签发人签章

验印

经济业务(1-2)

上海市企业单位统一收据

思开 07 - 3856818

年　月　日

交款单位＿＿＿＿＿＿＿＿＿＿＿＿＿＿＿＿＿＿＿

人民币(大写)＿＿＿＿＿＿＿＿＿＿＿＿＿＿＿＿　￥＿＿＿＿＿＿

系　付＿＿＿＿＿＿＿＿＿＿＿＿＿＿＿＿＿＿＿

现　金	
支　票	
付　委	

收款单位(盖章有效)　　财务＿＿＿＿＿＿　　经手人＿＿＿＿＿＿

③ 记账联

经济业务(1-3)

中国工商银行上海市( )进账单(回单)

①

科目：			年　月　日	对方科目：												
款项来源				收款人	全称											
款项种类		票据(分页填写)			账号											
人民币 (大写)							千	百	十	万	千	百	十	元	角	分
托收票据目录第1页		共　页	票据种类	金　　额												
付款单位账号		凭证号码		千	百	十	万	千	百	十	元	角	分			
														(收款银行盖章)		

此联由银行盖章后退回单位

注意：(1) 解入票据收妥后方可用款
2) 本联于款项收妥后代收账通知

经济业务(2-1)

3100101026

上海增值税专用发票

发票联

No.06045870

开票日期：2019 年 12 月 1 日

购货单位	名　　称：上海立信食品有限公司 纳税人识别号：310106007898565 地址、电话：上海市园林路 1888 号 68506868 开户行及账号：工行徐汇支行 216－86389768	密码区	/801＝＜987131025－0＊8 17934＋＞53601314＞169 ＜37＊5231＞＜-735968＞46 57＊5481/＜-4634892＞4	加密版本 01 3100101026 06045870

货物或应税劳务名称	规格型号	单位	数量	单　价	金　额	税率	税　额
"闵康"牌食品专用面粉		千克	4 600	2.90	13 340.00	13％	1 734.20
合　　　计					￥13 340.00		￥1 734.20

价税合计(大写)	壹万伍仟零佰柒拾肆圆贰角整	(小写)￥15 074.20

销货单位	名　　称：上海闵行面粉有限公司 纳税人识别号：310108993756682 地址、电话：上海市中春路 3286 号 64986032 开户行及账号：工行莘庄支行 　　　　　　216－889465786	备注	上海闵行面粉有限公司 发票专用章

收款人：　　　复核：　　　开票人：杨辉　　　销货单位：(章)

第三联：发票联　购货方记账凭证

收 料 单

No.145072

2019 年 12 月 1 日   仓库：材料仓库

材 料 名 称	计量单位	数 量		实 际 成 本		记账联
		应 收	实 收	单 价	金 额	
"闵康"牌食品专用面粉	千克		4 600	2.90	13 340.00	

质量检验：   收料：赵明   制单：赵明

中国工商银行
上海市分行

支票号码：AE101169
签发日期 年 月 日

收款人：
金 额：
用 途：
单位主管 会计

中国工商银行上海市分行支票

支票号码：AE101169

签发日期(大写)： 年 月 开户行名称：

收款人： 签发人账号：

人民币 （大写）	千	百	十	万	千	百	十	元	角	分

用途：_____

上列款项请从   复核

我账户内支付   记账

签发人签章   验印

中国工商银行
上海市分行

支票号码：AE101170
签发日期 年 月 日

收款人：
金 额：
用 途：
单位主管 会计

中国工商银行上海市分行支票

支票号码：AE101170

签发日期(大写)： 年 月 开户行名称：

收款人： 签发人账号：

人民币 （大写）	千	百	十	万	千	百	十	元	角	分

用途：_____

上列款项请从   复核

我账户内支付   记账

签发人签章   验印

工资结算汇总表

2019 年 12 月

| 部门人员类别 | | 基本工资 | 经常性奖金 | 津贴和补贴 | 加班加点工资 | 应扣工资 | | 应付工资 | 代扣款项 | | | 实发工资 |
部门名称	人员类别					病假	事假		社会保险费	个人所得税	小计	
生产车间	生产工人	24 380.00	1 620.00	780.00	280.00	60.00		27 000.00	5 980.00	126.00	6 106.00	20 894.00
	管理人员	2 600.00	305.00	95.00				3 000.00	602.00	50.00	652.00	2 348.00
	小计	26 980.00	1 925.00	875.00	280.00	60.00		30 000.00	6 582.00	176.00	6 758.00	23 242.00
行政部门	管理人员	22 654.00	2 000.00	346.00				25 000.00	5 248.00	318.00	5 566.00	19 434.00
合　计		49 634.00	3 925.00	1 221.00	280.00	60.00		55 000.00	11 830.00	494.00	12 324.00	42 676.00

制单：王庆兵　　　　　　　　　　　审核：方健

中国工商银行
上海市分行

支票号码：AE101171
签发日期　年 月 日

收款人：
金　额：
用　途：
单位主管　　会计

中国工商银行上海市分行支票

支票号码：AE101171

签发日期(大写)：　　　年　　月　　开户行名称：
收款人：　　　　　　　　　　　　签发人账号：

人民币（大写）	千	百	十	万	千	百	十	元	角	分

用途：_____

上列款项请从　　　　　　　　　　复核

我账户内支付　　　　　　　　　　记账

签发人签章　　　　　　　　　　　验印

经济业务(5-1)

中华人民共和国
增值税缴款书

区级 沪税电字：4592697

税票号：0500076256　所属时间：　2019.11.01－2019.11.30　级次　　企业编码：420114312

纳税单位(人)	上海立信食品有限公司		主管部门		
地　址	上海市园林路1888号		经济类型	有限责任公司(国内合资)	
开户银行	工行徐汇支行	账　号	216-86389768		
行业及品目	课税数量	计税金额或销售额	税率(%)单位税额	已缴或扣除额	实缴税额(基金)
销售商品		376 825.39	13	6 318.70	42 668.60
合计金额人民币(大写)	肆万贰仟陆佰陆拾捌元陆角整				42 668.60
逾期　天,每天按税款　千分之二　加收滞纳金					
总计金额人民币(大写)	肆万贰仟陆佰陆拾捌元陆角整				42 668.60
完税证(发货票)　份,起讫号码：					
收入机关第六税务分局(三所)03经办人：朱清	增税种标识	缴款单位如以此联代传票,分录如下		收款银行中国工商银行上海市分行徐汇支行业务章 2019.12.08	
填票日期：2019.12.08				缴款限期：2019.12.10	

第五联　收据联(国库或经收处收款盖章后退纳税人)

经济业务(5-2)

中华人民共和国
城乡维护建设税缴款书

区级 沪税电字：5863947

税票号：0500076256　所属时间：　2019.11.01－2019.11.30　级次　　企业编码：420114312

纳税单位(人)	上海立信食品有限公司		主管部门		
地　址	上海市园林路1888号		经济类型	有限责任公司(国内合资)	
开户银行	工行徐汇支行	账　号	216-86389768		
行业及品目	课税数量	计税金额或销售额	税率(%)单位税额	已缴或扣除额	实缴税额(基金)
城市维护建设税		42 668.60	7		2 986.80
教育费附加		42 668.60	3		1 280.06
合计金额人民币(大写)	肆仟贰佰陆拾叁元捌角陆分				4 266.86
逾期　天,每天按税款　千分之二　加收滞纳金					
总计金额人民币(大写)	肆仟贰佰陆拾陆元捌角陆分				4 266.86
完税证(发货票)　份,起讫号码：					
收入机关第六税务分局(三所)03经办人：朱清	城税种标识	缴款单位如以此联代传票,分录如下		收款银行中国工商银行上海市分行徐汇支行业务章 2019.12.08	
填票日期：2019.12.08				缴款限期：2019.12.10	

第五联　收据联(国库或经收处收款盖章后退纳税人)

中华人民共和国
个人所得税缴款书

区级　沪税电字：4592697

税票号：0500076256　所属时间：　2019.11.01 - 2019.11.30　级次　　企业编码：420114312

纳税单位(人)	上海立信食品有限公司		主管部门	
地　址	上海市园林路1888号		经济类型	有限责任公司(国内合资)
开户银行	工行徐汇支行	账　号	216 - 86389768	

行业及品目	课税数量	计税金额或销售额	税率(%)单位税额	已缴或扣除额	实缴税额(基金)
工资薪金所得		6 824.20	5		341.21
		907.90	10		90.79
合计金额人民币(大写)	肆佰叁拾贰元整				432.00
逾期　天,每天按税款　千分之二　加收滞纳金					
总计金额人民币(大写)	肆佰叁拾贰元整				432.00

完税证(发货票)　份,起讫号码：

收入机关		收款银行
第六税务分局(三所)03　经办人：朱清	个　税种标识	缴款单位如以此联代传票,分录如下	中国工商银行上海市分行徐汇支行业务章 2019.12.08
填票日期：2019.12.08		缴款限期：2019.12.10

第五联　收据联(国库或经收处收款盖章后退纳税人)

3100101026

上海增值税专用发票

No. 02082705

此联不作报销、扣税凭证使用　　开票日期：2019 年 12 月 10 日

购货单位	名　　称：兴隆食品批发有限公司 纳税人识别号：310865493120588 地址、电话：上海市沪闵路1265号 开户行及账号：工行闵行分行一营 368859866	密码区	/801＝＜523131025 - 0＊8 17934＋＞53601314＞169 ＜37＊5231＞＜ - 735968＞46 57＊5481/＜ - 4634892＞4	加密版本 01 3100101026 02082705

货物或应税劳务名称	规格型号	单位	数量	单价	金额	税率	税额
康泰核桃饼干		千克	1 500	57.60	86 400.00	13%	11 232.00
合　　计					￥ 86 400.00		￥ 11 232.00

价税合计(大写)	玖万柒仟陆佰叁拾贰圆整	(小写)￥ 97 632.00

销货单位	名　　称：上海立信食品有限公司 纳税人识别号：3101060078998565 地址、电话：上海市园林路1888号 68506868 开户行及账号：工行徐汇支行 216 - 86389768	备注	上海立信食品有限公司 发票专用章

第一联：记账联　销货方记账凭证

收款人：　　复核：　　　开票人：李明辉　　　销货单位：(章)

经济业务(6-2)

上海增值税专用发票

此联不作报销、扣税凭证使用　　　开票日期：2019 年 12 月 10 日

No.02082706

第一联：记账联　销货方记账凭证

| 购货单位 | 名　　　称：兴隆食品批发有限公司
纳税人识别号：310865493120588
地址 、电话：上海市沪闵路 1265 号
开户行及账号：工行闵行分行一营 368859866 | 密码区 | /801＝＜523131025－0＊8
17934＋＞53601314＞169
＜37＊5231＞＜－735968＞46
57＊5481/＜－4634892＞4 | 加密版本 01
3100101026
02082706 |

货物或应税劳务名称	规格型号	单位	数量	单 价	金 额	税率	税 额
康泰提子饼干		千克	2 000	39.00	78 000.00	13%	10 140.00
合　　计					￥78 000.00		￥10 140.00

价税合计(大写)	捌万捌仟壹佰肆拾元整		(小写)￥88 140.00

| 销货单位 | 名　　　称：上海立信食品有限公司
纳税人识别号：310106007898565
地址 、电话：上海市园林路 1888 号 68506868
开户行及账号：工行徐汇支行 216－86389768 | 备注 | 上海立信食品有限公司
发票专用章 |

收款人：　　　复核：　　　开票人：李明辉　　　销货单位：(章)

经济业务(6-3)

上海增值税普通发票

发票联

开票日期：2019 年 12 月 10 日

No.22012734

第三联：发票联　购货方记账凭证

| 购货方 | 名　　　称：上海立信制造有限公司
纳税人识别号：310865493120682
地址 、电话：上海市江川路 268 号；
021－64907868
开户行及账号：中国民生银行西南支行
0224014210003388 | 密码区 | /812 ＝ ＜ 13640102/0804/3120342039 ＜
81342＋＞
6293645 1380＊＞310022315
＜34＊3187＜－4331 02719754 TRUE
210＜－＋＜－＋28＊3927/＜－62＝－345＞1－2 |

货物或应税劳务名称	规格型号	单位	数量	单 价	金 额	税率	税 额
搬运费		元		475.73	475.73	3%	14.27
合　　计					￥475.73		￥14.27

价税合计(大写)	肆佰玖拾元整		(小写)￥490.00

| 销货单位 | 名　　　称：上海沪兴运输公司
纳税人识别号：310107122343782
地址 、电话：上海市凯旋路 3816 号
021－64207238
开户行及账号：工行徐汇分行 5423168 | 备注 | 上海沪兴运输公司
310107122343782
发票专用章 |

收款人：　　　复核：　　　开票人：赵明　　　销货单位：(章)

经济业务(7)

财产物资盘盈盘亏报告单

类别　　　　　　　　　　　　　　年　月　日

名　称	单位	账面数		清点数		盘　盈		盘　亏		备注
		数量	金额	数量	金额	数量	金额	数量	金额	
合　计										
分析原因：					审批意见：					

单位(盖章)　　　　　　　财务负责人：　　　　　　制表：

第一联

经济业务(8-1)

上海市企业单位统一收据

思开 07-3856621

年　月　日

交款单位＿＿＿＿＿＿＿＿＿＿＿＿＿＿＿＿＿＿＿＿＿＿＿

人民币(大写)＿＿＿＿＿＿＿＿＿＿＿＿＿＿＿＿＿　￥＿＿＿＿＿＿＿

系　付＿＿＿＿＿＿＿＿＿＿＿＿＿＿＿＿＿＿＿＿

现　金	
支　票	
付　委	

收款单位(盖章有效)　　　财务＿＿＿＿＿＿＿　　经手人＿＿＿＿＿＿＿

③记账联

经济业务（8-2）

外埠出差报销单

2019 年 12 月 15 日

出差人姓名	唐舒	工作部门	销售科								预借金额	3 000.00
出差事由	洽谈业务	出差日期	12月3日到12月11日								返回金额	
出差地点	北京	出差天数	9天								应补金额	650.00

起程					到达					车船费		在途伙食津贴		通宵乘车补贴			住勤伙食补贴			住宿费	市内交通费	其他费用	
月	日	时	分	地点	月	日	时	分	地点	交通工具	金额	人/天	金额	票价	%	补贴	人/天	每天标准补助	金额			项目	金额
12	3	7	19	上海	12	3	18	8	北京	高铁	409.00							100.00	900.00	1 800.00	132.00		
12	11	7	47	北京	12	11	18	52	上海	高铁	409.00												
																				现金付讫		
合计金额	（小写）￥3 650.00 各项费用小计									818.00									900.00	1 800.00	132.00		
	（大写）人民币叁仟陆佰伍拾元整				审核：方健			出纳：施兵			部门主管：黄宏					报销人：唐舒							

经济业务（9）

中国工商银行 上海市分行	中国工商银行上海市分行支票
	支票号码：AE101172
支票号码：AE101172	签发日期（大写）： 年 月　开户行名称：
签发日期 年 月 日	收款人：　　　　　　　　　签发人账号：

	人民币（大写）	千	百	十	万	千	百	十	元	角	分

用途：＿＿＿＿＿

上列款项请从　　　　　　　　　复核

我账户内支付　　　　　　　　　记账

签发人签章　　　　　　　　　　验印

收款人：
金　额：
用　途：
单位主管　　会计

3100101026

上海增值税专用发票

No.08620781

开票日期：2019 年 12 月 18 日

| 购货单位 | 名　　　　称：上海立信食品有限公司
纳税人识别号：310106007898565
地　址、电　话：上海市园林路 1888 号 68506868
开户行及账号：工行徐汇支行 216-86389768 | 密码区 | /801＝＜523＊＝3025-0＊8
17934＋＞＜/601314＞169
＜37＊5231＞＜-735968＞46
57＊5481/＜-4634892＞4 | 加密版本 01
3100101026
08620781 |

货物或应税劳务名称	规格型号	单位	数量	单　价	金　额	税率	税　额
电　费					2 800.00	13%	364.00
合　计					￥2 800.00		￥364.00

价税合计(大写)	叁仟壹佰陆拾肆圆整	(小写)￥3 164.00

| 销货单位 | 名　　　　称：上海市供电局
纳税人识别号：310106089240088
地　址、电　话：沪太路 2167 号
开户行及账号：工行沪太分理处 203-00033348 | 备注 | 上海市供电局
发票专用章 |

收款人：　　　　复核：　　　　开票人：张倩倩　　　　销货单位：(章)

第三联：发票联　购货方记账凭证

电费分配计算表

年　　月

部　　门	应借科目	分配比例	金　　额
小　计			
应交税费——应交增值税(进项税额)			
合　计			

会计主管：　　　　记账：　　　　复核：　　　　制单：

经济业务(11-1)

委托银行收款凭证(付款通知)

专用 ④

托收号码：
NO.109728
21509767

委托日期 2019 年 12 月 20 日

汇款人	全 称	上海立信食品有限公司	收款人	全 称	上海市自来水公司营业所
	账 号	216－86389768		账 号	254－04684392
	开户银行	工行徐汇支行		开户银行	工行上海市分行营业部

金 额	人民币 (大写) 捌佰柒拾元整	万 千 百 十 万 千 百 十 元 角 分
		￥ 8 7 0 0 0

结算原因	水费	合同号码	109436 附寄单证张数

会计分录
（ ）............
　　　　对方科目（ ）............

上列款项已根据受款单位委托从你单位账户付出：

中国工商银行上海市分行
徐汇支行业务章

会计　　　出纳　　　复核　　　记账

（付款单位开户银行盖章）

此联是付款单位开户银行给付款单位的付款通知

经济业务(11-2)

水费分配计算表

年 月

部 门	应借科目	分配比例	金 额
合 计			

会计主管：　　　　记账：　　　　复核：　　　　制单：

经济业务(12-1)

上海增值税专用发票

No.02082707

此联不作报销、扣税凭证使用　　　开票日期：2019 年 12 月 23 日

购货单位	名　　　称：光明食品批发有限公司 纳税人识别号：310548932220546 地址、电话：上海市凯旋路 3268 号 开户行及账号：工行徐汇支行 668978548	密码区	/801＝＜523＊＝3025－0＊8　加密版本 01 17934＋＞＜/601314＞169　3100101026 ＜37＊5231＊＜－364968＞46　02082707 57＊5481/＜－4634892＞4

货物或应税劳务名称	规格型号	单位	数量	单　价	金　额	税率	税　额
康泰核桃饼干		千克	1 000	57.60	57 600.00	13%	7 488.00
合　计					￥57 600.00		￥7 488.00

价税合计(大写)	陆万伍仟零佰捌拾捌圆整		(小写)￥65 088.00

销货单位	名　　　称：上海立信食品有限公司 纳税人识别号：310106007898565 地址、电话：上海市园林路 1888 号 68506868 开户行及账号：工行徐汇支行 216－86389768	备注	上海立信食品有限公司 发票专用章

收款人：　　　复核：　　　开票人：李明辉　　　销货单位：(章)

第一联：记账联　销货方记账凭证

经济业务(12-2)

上海增值税专用发票

No.02082708

此联不作报销、扣税凭证使用　　　开票日期：2019 年 12 月 23 日

购货单位	名　　　称：光明食品批发有限公司 纳税人识别号：310548932220546 地址、电话：上海市凯旋路 3268 号 开户行及账号：工行徐汇支行 668978548	密码区	/801＝＜523＊＝3025－0＊8　加密版本 01 17934＋＞＜/601314＞169　3100101026 ＜37＜6831＊＜－364968＞46　02082708 57＊5481/＜－4634892＞4

货物或应税劳务名称	规格型号	单位	数量	单　价	金　额	税率	税　额
康泰核桃饼干		千克	1 000	57.60	57 600.00	13%	7 488.00
康泰提子饼干		千克	1 000	39.00	39 000.00	13%	5 070.00
合　计					￥96 600.00		￥12 558.00

价税合计(大写)	壹拾零万玖仟壹佰伍拾捌圆整		(小写)￥109 158.00

销货单位	名　　　称：上海立信食品有限公司 纳税人识别号：310106007898565 地址、电话：上海市园林路 1888 号 68506868 开户行及账号：工行徐汇支行 216－86389768	备注	上海立信食品有限公司 发票专用章

收款人：　　　复核：　　　开票人：李明辉　　　销货单位：(章)

第一联：记账联　销货方记账凭证

经济业务(12-3)

中国工商银行上海市分行支票

支票号码：AT101156

签发日期(大写)：贰零壹玖年壹拾贰月贰拾叁日　　　开户行名称：工行徐汇支行

收款人：上海立信食品有限公司　　　　　　　　签发人账号：668978548

人民币 (大写)	壹拾柒万肆仟贰佰肆拾陆元整	千	百	十	万	千	百	十	元	角	分
			￥	1	7	4	2	4	6	0	0

用途：支付购货款

上列款项请从　　　　　　　　　　　　　　　　　　复核

我账户内支付　　　光明食品批发有限公司财务专用章　　颖张印佳　　记账

签发人签章　　　　　　　　　　　　　　　　　　　验印

经济业务(12-4)

中国工商银行上海市(　　　　)进账单(回单)

①

科目：　　　　　　年　月　日　对方科目：

款项来源		收款人	全称	
款项种类	票据(分页填写)		账号	

人民币 (大写)					千	百	十	万	千	百	十	元	角	分

托收票据目录第1页	共　页	票据种类	金　额									
付款单位账号	凭证号码		千	百	十	万	千	百	十	元	角	分

(收款银行盖章)

此联由银行盖章后退回单位

注意：(1)解入票据收妥后方可用款　2)本联于款项收妥后代收账通知

经济业务(13)

财产物资盘盈盘亏报告表

类别：电脑　　　　　　　　2019 年 12 月 25 日

名　称	单位	账面数		清点数		盘　盈		盘　亏		备注
		数量	金额	数量	金额	数量	金额	数量	金额	
惠普手提电脑	台	8		7				1	1 100.00	被窃
合　计								1	1 100.00	

（上海立信制造有限公司 财务专用章）

分析原因：意外被窃　　　　　　　审批意见：批准转入营业外支出

单位(盖章)　　　　　　　　财务负责人：钱茜　　　　　　　制表：王庆兵

第二联

经济业务(14 - 1)

3200753159

浙江省增值税专用发票

（发票联）（浙江省国家税务总局监制章）

No. 01897652

开票日期：2019 年 12 月 28 日

购货单位	名　　称：上海立信食品有限公司 纳税人识别号：310106007898565 地址、电话：上海市园林路 1888 号 68506868 开户行及账号：工行徐汇支行 216 - 86389768	密码区	/801＝＜523 ＊ ＝3025 - 0 ＊ 8 17934＋＞＜／605204＞169 ＜37＜6831 ＊ ＜- 364968＞46 57 ＊ 5481/＜- 4634892＞4	加密版本 01 3200753159 01897652

货物或应税劳务名称	规格型号	单位	数量	单价	金额	税率	税额
核桃仁		千克	600	28.80	17 280.00	13%	2 246.40
提子		千克	500	12.60	6 300.00	13%	819.00
合　计					￥23 580.00		￥3 065.40

价税合计(大写)	贰万陆仟陆佰肆拾伍圆肆角整	(小写)￥26 645.40

销货单位	名　　称：杭州副食品批发公司 纳税人识别号：3208745698882088 地址、电话：杭州市延安路 4560 号 开户行及账号：工行西湖支行 528 - 674589282	备注	（杭州副品批发有限公司 发票专用章）

收款人：　　　复核：　　　开票人：吴玲玲　　　销货单位：(章)

第三联：发票联　购货方记账凭证

中国工商银行信汇凭证(回单) 1

NO.88401323

委托日期　　　　年　月　日

汇款人	全　称		收款人	全　称	
	账　号			账　号	
	汇出地点	省　　市/县		汇入地点	省　　市/县

汇出行名称		汇入行名称	

金额	人民币 (大写)		千	百	十	万	千	百	十	元	角	分

汇款用途：

上列款项已根据委托办理,如需查询,请持此回单来行面洽。

汇出行盖章

单位主管　　　会计　　　复核　　　记账

　年　月　日

此联汇出行给汇款人的回单

业务(15)

收 料 单

No.145073

2019 年 12 月 30 日

仓库：材料仓库

材 料 名 称	计量单位	数　量		实 际 成 本	
		应　收	实　收	单　价	金　额
核桃仁	千克		600	28.8	17 280.00
提　子	千克		500	12.6	6 300.00

质量检验：　　　　　　　收料：赵明　　　　　　制单：赵明

经济业务(16-1)

领　料　单

No.103421

领料部门：生产车间　　　　　2019 年 12 月 2 日　　　　　仓库：材料仓库

材料名称	计量单位	单位成本	数　量		金　额	用　途	记账联
			请　领	实　领			
面　粉	千克	2.90	470	470	1 363.00	生产核桃饼干耗用	
核桃仁	千克	28.00	110	110	3 080.00		
白砂糖	千克	2.60	278.6	278.6	724.36		
植物油	千克	8.00	84	84	672.00		
淀　粉	千克	2.60	56	56	145.60		
奶　粉	千克	36.00	42	42	1 512.00		
合　计			1 040.6	1 040.6	7 496.96		

仓库主管：张平　　　　　发料：赵明　　　　　领料部门主管：王新　　　　　领料：杨帆

经济业务(16-2)

领　料　单

No.103422

领料部门：生产车间　　　　　2019 年 12 月 2 日　　　　　仓库：材料仓库

材料名称	计量单位	单位成本	数　量		金　额	用　途	记账联
			请　领	实　领			
鸡　蛋	千克	5.20	11.2	11.2	58.24	生产核桃饼干耗用	
食用盐	千克	3.00	2.8	2.8	8.40		
酵　母	千克	4.00	8.4	8.4	33.60		
食品添加剂	千克	24.00	0.28	0.28	6.72		
食用香精	千克	30.00	2.52	2.52	75.60		
抗氧化剂	千克	38.00	4.2	4.2	159.60		
合　计			29.4	29.4	342.16		

仓库主管：张平　　　　　发料：赵明　　　　　领料部门主管：王新　　　　　领料：杨帆

经济业务(16-3)

领 料 单

No.103425

领料部门：生产车间 　　　　　　　　2019 年 12 月 9 日 　　　　　　　仓库：材料仓库

材料名称	计量单位	单位成本	数 量		金 额	用 途
			请 领	实 领		
面　粉	千克	2.90	460	460	1 334.00	
核桃仁	千克	28.00	100	100	2 800.00	
						生产核桃饼干耗用
合　计			560	560	4 134.00	

记账联

仓库主管：张平 　　　　发料：赵明 　　　　领料部门主管：王新 　　　　领料：杨帆

经济业务(16-4)

领 料 单

No.103425

领料部门：生产车间 　　　　　　　　2019 年 12 月 16 日 　　　　　　　仓库：材料仓库

材料名称	计量单位	单位成本	数 量		金 额	用 途
			请 领	实 领		
面　粉	千克	2.90	480	480	1 392.00	
核桃仁	千克	28.00	110	110	3 080.00	
						生产核桃饼干耗用
合　计			560	560	4 472.00	

记账联

仓库主管：张平 　　　　发料：赵明 　　　　领料部门主管：王新 　　　　领料：杨帆

经济业务(16-5)

领 料 单

No.103425

领料部门：生产车间　　　　　2019 年 12 月 26 日　　　　　仓库：材料仓库

材料名称	计量单位	单位成本	数　量		金　额	用　途
			请　领	实　领		
面　粉	千克	2.90	466	466	1 351.40	
核桃仁	千克	28.00	114	114	3 192.00	生产核桃饼干耗用
合　　计			580	580	4 543.40	

记账联

仓库主管：张平　　　　发料：赵明　　　　　领料部门主管：王新　　　　领料：杨帆

经济业务(16-6)

领 料 单

No.103421

领料部门：生产车间　　　　　2019 年 12 月 1 日　　　　　仓库：材料仓库

材料名称	计量单位	单位成本	数　量		金　额	用　途
			请　领	实　领		
面　粉	千克	2.90	450	450	1 305.00	
提　子	千克	12.00	92	92	1 104.00	
白砂糖	千克	2.60	258.7	258.7	672.62	
植物油	千克	8.00	78	78	624.00	生产提子饼干耗用
淀　粉	千克	2.60	52	52	135.20	
奶　粉	千克	36.00	46.8	46.8	1 684.80	
合　　计			977.5	977.5	5 525.62	

记账联

仓库主管：张平　　　　发料：赵明　　　　　领料部门主管：王新　　　　领料：杨帆

经济业务(16-7)

领　料　单

No.103422

领料部门：生产车间　　　　　　　　2019 年 12 月 1 日　　　　　　　仓库：材料仓库

材料名称	计量单位	单位成本	数　量		金　额	用　途	
			请　领	实　领			
鸡　蛋	千克	5.20	15.6	15.6	81.12	生产提子饼干耗用	记账联
食用盐	千克	3.00	2.6	2.6	7.80		
酵　母	千克	4.00	7.8	7.8	31.20		
食品添加剂	千克	24.00	0.25	0.25	6.24		
食用香精	千克	30.00	2.34	2.34	70.20		
抗氧化剂	千克	38.00	3.9	3.9	148.20		
合　　计			32.49	32.49	344.76		

仓库主管：张平　　　　　发料：赵明　　　　　领料部门主管：王新　　　　　领料：杨帆

经济业务(16-8)

领　料　单

No.103425

领料部门：生产车间　　　　　　　　2019 年 12 月 8 日　　　　　　　仓库：材料仓库

材料名称	计量单位	单位成本	数　量		金　额	用　途	
			请　领	实　领			
面　粉	千克	2.90	440	440	1 276.00	生产提子饼干耗用	记账联
提　子	千克	12.00	90	90	1 080.00		
合　　计			530	530	2 356.00		

仓库主管：张平　　　　　发料：赵明　　　　　领料部门主管：王新　　　　　领料：杨帆

经济业务(16-9)

领　料　单

No.103425

领料部门：生产车间　　　　　　2019 年 12 月 15 日　　　　　仓库：材料仓库

材料名称	计量单位	单位成本	数　量		金　额	用　途	记账联
			请　领	实　领			
面　粉	千克	2.90	430	430	1 247.00		
提　子	千克	12.00	92	92	1 104.00	生产提子饼干耗用	
合　计			522	522	2 351.00		

仓库主管：张平　　　　　发料：赵明　　　　　领料部门主管：王新　　　　　领料：杨帆

经济业务(16-10)

领　料　单

No.103425

领料部门：生产车间　　　　　　2019 年 12 月 25 日　　　　　仓库：材料仓库

材料名称	计量单位	单位成本	数　量		金　额	用　途	记账联
			请　领	实　领			
面　粉	千克	2.90	448	448	1 299.20		
提　子	千克	12.00	90	90	1 080.00	生产提子饼干耗用	
合　计			538	538	2 379.20		

仓库主管：张平　　　　　发料：赵明　　　　　领料部门主管：王新　　　　　领料：杨帆

经济业务(16-11)

发料凭证汇总表

年　月　日　　　　　　　　　　　　　　　　　单位：元

	面　粉	核桃仁	提　子	辅助材料	合　计	
核桃饼干						附件
提子饼干						张
合　计						

会计主管：　　　　　记账：　　　　　　　复核：　　　　　　　制单：

经济业务(17)

应付工资分配计算表

2019 年 12 月

总　账	明细账	生产工时	分配率	金　额
生产成本	核桃饼干	920		
	提子饼干	880		
	小　计	1 800		
	制造费用			
	管理费用			
	合　计			

会计主管：　　　　　记账：　　　　　　　复核：　　　　　　　制单：

经济业务(18)

社会保险费分配计算表

2019 年 12 月

总　账	明　细　账	金　额
生产成本	核桃饼干	2 291.48
	提子饼干	1 803.42
	小　计	4 094.90
制造费用		670.00
管理费用		5 620.06
合　计		10 384.96

会计主管：　　　　　记账：　　　　　　　复核：方健　　　　　　　制单：王庆兵

经济业务(19)

固定资产折旧计算表

2019 年 12 月

使用部门	上月折旧额	上月增加固定资产增加折旧额	上月减少固定资产减少折旧额	本月折旧额
生产车间	7 650.00	280.00		7 930.00
行政管理部门	4 356.00		397.02	3 958.98
合　计	12 006.00	280.00	397.02	11 888.98

会计主管：　　　　记账：　　　　复核：方健　　　　制单：王庆兵

经济业务(20)

预付费用摊销明细表

2019 年 12 月 31 日

项　　目	金　　额	摊销期限	已摊销额	本月摊销额	对方科目
劳动保护费	9 144.00	6 个月	7 620.00	1 524.00	制造费用
财产保险费	21 720.00	12 个月	19 910.00	1 810.00	管理费用
合　　计	30 864.00		27 530.00	3 334.00	

会计主管：　　　　记账：　　　　复核：方健　　　　制单：王庆兵

经济业务(21)

中国工商银行上海市(216)计收利息清单(付款通知)

账号 216 - 86389768　　2019 年 12 月 31 日

单位名称	上海立信食品有限公司	结算户	1601932301
计算起讫日期	2019/10/1—2019/12/31		
贷款户账号	计算总积数	利率(月)	利息金额
216031894623	21 400 000	9.15%	￥7 021.72

你单位上述应偿借款利息已从你单位账户划出
此致
借款单位（银行盖章）

中国工商银行上海市分行
徐汇支行业务章 2019.12.31

复核：　　　　记账：

经济业务(22)

制造费用分配表

2019 年 12 月   单位：元

应借账户		生产工时	分配率	分配金额
生产成本	核桃饼干	920		
	提子饼干	880		
合　计		1 800		

会计主管：　　　　　记账：　　　　　复核：　　　　　制单：

经济业务(23－1)

产 品 入 库 单

NO. 105219

2019 年 12 月 7 日   仓库：成品仓库

产品名称	计量单位	交付数量	检 验 结 果		实收数量
			合　格	不合格	
提子饼干	千克	850	✓		850
合　　计		850			850

质量检验：李林　　　　　收货：王芳　　　　　制单：张敏

经济业务(23－2)

产 品 入 库 单

NO. 105221

2019 年 12 月 14 日   仓库：成品仓库

产品名称	计量单位	交付数量	检 验 结 果		实收数量
			合　格	不合格	
提子饼干	千克	860	✓		860
合　　计		860			860

质量检验：李林　　　　　收货：王芳　　　　　制单：张敏

经济业务(23-3)

产 品 入 库 单

NO. 105224

2019 年 12 月 31 日

仓库：成品仓库

| 产品名称 | 计量单位 | 交付数量 | 检 验 结 果 | | 实收数量 |
			合 格	不合格	
提子饼干	千克	890	✓		890
合　计		890			890

记账联

质量检验：李林　　　　　　　　收货：王芳　　　　　　　　制单：张敏

经济业务(23-4)

产 品 入 库 单

NO. 105220

2019 年 12 月 8 日

仓库：成品仓库

| 产品名称 | 计量单位 | 交付数量 | 检 验 结 果 | | 实收数量 |
			合 格	不合格	
核桃饼干	千克	930	✓		930
合　计		930			930

记账联

质量检验：李林　　　　　　　　收货：王芳　　　　　　　　制单：张敏

经济业务(23-5)

产 品 入 库 单

NO. 105222

2019 年 12 月 15 日

仓库：成品仓库

| 产品名称 | 计量单位 | 交付数量 | 检 验 结 果 | | 实收数量 |
			合 格	不合格	
核桃饼干	千克	900	✓		900
合　计		900			900

记账联

质量检验：李林　　　　　　　　收货：王芳　　　　　　　　制单：张敏

经济业务(23－6)

产 品 入 库 单

NO. 105223

2019 年 12 月 31 日

仓库：成品仓库

产品名称	计量单位	交付数量	检 验 结 果		实收数量
			合 格	不合格	
核桃饼干	千克	970	✓		970
合　　计		970			970

质量检验：李林　　　　　　　收货：王芳　　　　　　　制单：张敏

记账联

经济业务(24－1)

产 品 出 库 单

No. 103425

2019 年 12 月 10 日

仓库：成品仓库

产品名称	计量单位	数 量	单 价	金 额	购 货 单 位
核桃饼干	千克	1 500	16.00	24 000.00	兴隆食品批发有限公司
提子饼干	千克	2 000	13.50	27 000.00	兴隆食品批发有限公司
合　　计		3 500		51 000.00	

仓库主管：张平　　　　　　　发货：王芳　　　　　　　制单：李文

记账联

经济业务(24－2)

产 品 出 库 单

No. 103426

2019 年 12 月 23 日

仓库：成品仓库

产品名称	计量单位	数 量	单 价	金 额	购 货 单 位
核桃饼干	千克	2 000	16.00	32 000.00	光明食品批发有限公司
提子饼干	千克	1 000	13.50	13 500.00	光明食品批发有限公司
合　　计		3 000		45 500.00	

仓库主管：张平　　　　　　　发货：王芳　　　　　　　制单：李文

记账联

税金及附加计算表

2019 年 12 月 31 日 单位：元

税　　种	计 提 依 据		税　率	应缴税额
	项　目	金　额		
城市维护建设税	应交增值税	36 254.40	7％	2 537.81
教育费附加	应交增值税	36 254.40	3％	1 087.63
合　　计				￥3 625.44

会计主管： 复核：方健 制表：王庆兵

试 算 平 衡 表

年　月　日

总账科目	期 初 余 额		本 期 发 生 额		期 末 余 额	
	借　方	贷　方	借　方	贷　方	借　方	贷　方

总账科目	期 初 余 额		本期发生额		期 末 余 额	
	借　方	贷　方	借　方	贷　方	借　方	贷　方

资 产 负 债 表

会企 01 表

编制单位：　　　　　　　　　　　年　月　日　　　　　　　　　　　单位：元

资产	期末余额	上年年末余额	负债和所有者权益（或股东权益）	期末余额	上年年末余额
流动资产：			流动负债：		
货币资金			短期借款		
交易性金融资产			交易性金融负债		
衍生金融资产			衍生金融负债		
应收票据			应付票据		
应收账款			应付账款		
应收款项融资			预收款项		
预付款项			合同负债		
其他应收款			应付职工薪酬		
存货			应交税费		
合同资产			其他应付款		
持有待售资产			持有待售负债		
一年内到期的非流动资产			一年内到期的非流动负债		
其他流动资产			其他流动负债		
流动资产合计			流动负债合计		
非流动资产：			非流动负债：		
债权投资			长期借款		
其他债权投资			应付债券		
长期应收款			其中:优先股		
长期股权投资			永续债		
其他权益工具投资			租赁负债		
其他非流动金融资产			长期应付款		
投资性房地产			预计负债		

资产	期末余额	上年年末余额	负债和所有者权益（或股东权益）	期末余额	上年年末余额
固定资产			递延收益		
在建工程			递延所得税负债		
生产性生物资产			其他非流动负债		
油气资产					
使用权资产			非流动负债合计		
使用权资产			负债合计		
无形资产			所有者权益（或股东权益）：		
开发支出			实收资本（或股本）		
商誉			其他权益工具		
长期待摊费用			其中:优先股		
递延所得税资产			永续债		
其他非流动资产			资本公积		
非流动资产合计			减:库存股		
			其他综合收益		
			专项准备		
			盈余公积		
			未分配利润		
			所有者权益（或股东权益）合计		
资产总计			负债和所有者权益（或股东权益）总计		

利　润　表

会企 02 表

编制单位：清峰公司　　　　　　　　　　2019 年　　　　　　　　　　　　　单位：元

项　　目	本期金额	上期金额
一、营业收入	2 800 000	（略）
减：营业成本	1 400 000	
税金及附加	118 000	
销售费用	90 000	
管理费用	310 000	
研发费用		
财务费用	145 440	
加：其他收益		
投资收益（损失以"－"号填列）	144 600	
以摊余成本计量的金融资产终止确认收益（损失以"－"号填列）		
公允价值变动收益（损失以"－"号填列）	49 000	
资产减值损失（损失以"－"号填列）	−50 000	
信用减值损失（损失以"－"号填列）	−79 000	
资产处置收益（损失以"－"号填列）	267 000	
二、营业利润（亏损以"－"号填列）	1 068 160	
加：营业外收入	50 000	
减：营业外支出	47 000	
三、利润总额（亏损总额以"－"号填列）	1 071 160	
减：所得税费用	264 040	
四、净利润（净亏损以"－"号填列）	807 120	
（一）持续经营净利润（净亏损以"－"号填列）	807 120	
（二）终止经营净利润（净亏损以"－"号填列）		
五、其他综合收益的税后净额	112 500	
（一）不能重分类进损益的其他综合收益		
（二）将重分类进损益的其他综合收益		
六、综合收益总额	919 620	
七、每股收益：		
（一）基本每股收益	0.18	
（二）稀释每股收益		

参 考 答 案

实训三　特种日记账登记
库存现金日记账月末余额为 576 元;银行存款日记账月末余额为 1 871 355 元。

实训四　原材料分类账登记
原材料总分类账月末余额为 2 027 750 元;电解铜原材料明细分类账月末余额为 1 812 500 元;氧化铝原材料明细分类账月末余额为 8 250 元;PVC 原材料明细分类账月末余额为 207 000 元。

实训五　生产成本分类账登记
制造费用分配率为 30 元/工时;塑料绝缘电线单位成本 118 元/卷;橡套电缆单位成本 1.31 元/米。

实训六　管理费用分类账登记
管理费用本期发生额合计为 9 853 元。

实训九　银行存款清查
调节后银行存款余额为 1 602 211.32 元。

实训十　科目汇总表
2019 年 1 月 15 日科目汇总表所有账户本期发生额合计为 3 647 787 元;2019 年 1 月 31 日科目汇总表所有账户本期发生额合计为 5 179 840 元。

实训十一　财务报表编制
资产负债表部分项目金额为:货币资金 1 871 931 元;存货 1 703 645 元;流动资产合计 4 403 576 元;固定资产 8 009 597 元;资产合计 12 913 173 元;应交税费 87 530.50 元;负债合计 907 208.50 元;未分配利润 3 535 964.50 元;所有者权益合计 12 005 964.50 元。

利润表部分项目金额为:营业利润 101 870 元;净利润 76 402.50 元。

实训十二　会计循环
试算平衡表期初余额合计为 6 140 200 元;本期发生额合计为 3 511 643.26 元;期末余额合计为 6 310 560.32 元。

资产负债表部分项目金额为:货币资金 861 197.42 元;存货 115 509.90 元;流动资产合计 1 253 739.32 元;固定资产 3 470 923.02 元;资产合计 4 724 662.34 元;应交税费 83 244.34 元;负债合计 705 459.30 元;未分配利润 1 035 710.74 元;所有者权益合计 4 019 203.04 元。

2019 年 12 月利润表部分项目金额为:营业收入 318 600 元;营业成本 96 500 元;管理费用 40 633.04 元;营业利润 174 310 元;净利润 129 907.50 元。